神医扁鹊

房跃红 编写

图书在版编目(CIP)数据

神医 扁鹊 / 房跃红编. -- 长春：吉林出版集团股份有限公司, 2020.2（2023.5重印）
ISBN 978-7-5581-7929-7

Ⅰ.①神… Ⅱ.①房… Ⅲ.①扁鹊（前401-前310）-传记 Ⅳ.①K826.2

中国版本图书馆CIP数据核字(2019)第260363号

神医 扁鹊
SHENYI BIAN QUE

编　写	房跃红	责任编辑	黄　群
策　划	曹　恒		林　琳
		封面设计	MM末末美书

开　本	710mm×1000mm 1/16	出版/发行	吉林出版集团股份有限公司
字　数	75千	地　址	吉林省长春市福祉大路5788号
印　张	8	邮　编	130000
版　次	2020年2月第1版	电　话	0431-81629968
印　次	2023年5月第2次印刷	邮　箱	11915286@qq.com
印　刷	三河市金兆印刷装订有限公司	ISBN 978-7-5581-7929-7	定　价 39.80元

版权所有　翻印必究

前言

中医文化是中国优秀传统文化的重要组成部分,具有创新文化的潜质。中医学是中国传统科学中沿用至今的富有中国文化特色的医学,它具有完备的理论体系、独特的诊疗方法和显著的临床疗效等特征。在中华民族五千年的历史长河中,中医学始终担负着促进人身健康的重要角色,是中华民族长期同疾病作斗争的智慧结晶,它为中华民族的繁衍昌盛提供了重要保障。

《神医 扁鹊》这本书主要收录了扁鹊的成长经历和奇闻逸事等。读者通过这些故事,可以了解中医名家救死扶伤、拯救天下苍生的医德精神和中医文化的博大精深。

本书内容通俗生动,易于读者阅读。书中配以与中医文化知识相关的图片,并选取了具有代表性的扁鹊纪念馆作为跨页大图,使本书的内容更加生动传神,更具亲和力和吸引力。本书不仅为了让读者了解中医文化,更是为了讲好"中国故事""中医故事"。

希望通过本书,读者对优秀中医文化会有更加深刻的了解和认识,能够更加热爱中医文化。通过我们对医学名家的传颂,优秀的中医文化必将再放异彩。

目录

第一章
师从长桑君学医 秦越人毕生无悔 —— 1

第二章
精于脉诊把病愈 首创寸口诊脉法 —— 13

第三章
精通望诊知病变 讳疾忌医把命丧 —— 31

第四章
虢太子得尸厥症 扁鹊起死回生术 —— 47

第五章
兼外科换心手术 巧合中发现牛黄 —— 63

第六章
名扬天下受爱戴 始终坚持六不治 —— 79

第七章
治未病者为上工 浅谈中医养生观 —— 95

第八章
遭嫉妒惨死骊山 载史册名扬千古 —— 107

扁鹊,战国时期医学家。姓秦,名越人,渤海郡鄚(今河北任丘北)人;一说为今山东济南市长清区一带人。《汉书·艺文志》载有《扁鹊内经》《外经》,已佚。

第一章

师从长桑君学医 秦越人毕生无悔

扁鹊原名叫秦越人，可他为什么会被百姓称为扁鹊呢？他是如何走上学医这条道路呢？他有着怎样的经历？

《史记》载："扁鹊者，勃海郡郑人也，姓秦，名越人。少时为人舍长。"通过《史记》的描述，我们可以了解到扁鹊的真实名字叫秦越人，既然他有自己的真实姓名，那为什么会被百姓叫作"扁鹊"呢？其中一个原因是他医术精湛，通过高明的医术获得了人们的认可和尊重，于是百姓用传说中黄帝时期的名医扁鹊来称呼他。另外，称其为扁鹊还与《禽经》中"灵鹊兆喜"的说法有关。《禽经》记载喜鹊是一种象征吉祥的动物，百姓认为喜鹊飞到哪，哪里就会有好事发生，而医生就像喜鹊一样，可以为患病的人解除病痛，让病人重获健康。也就是说，在古代，人们把拥有高明医术的医生称为"扁鹊"是为了表达对良医的尊崇和敬爱。而秦越人在长期的医疗实践中，真心实意地为人们解除疾病的痛苦，用他精湛的医术，高尚的医德，得到了人们的认可和尊敬，而获得了"扁鹊"的尊称。

关于扁鹊是哪的人说法也不一样，有的说他是今山东省济南市长清区人，也有记载他是河北省任丘市北人。经考证，扁鹊是今河北省任丘市人的可能性最大。

那么扁鹊是如何走上学医这条路的呢？我们通过阅读《史记》，可以了解他学医的原因。《史记》记载，"舍客长桑君过，扁鹊独奇之，常谨遇之。长桑君亦知扁鹊非常人也。出入十余年，乃呼扁鹊私坐，闲与语曰：'我有禁方，年老，欲传与公，公毋泄。'扁鹊曰：'敬诺。'乃出其怀中药予扁鹊：'饮是以上池之水，三十日当知物矣。'乃悉取其禁方书尽与扁鹊。忽然不见，殆非人也。扁鹊以其言饮药三十日，视见垣一方人。以此视病，尽见五藏症结，特以诊脉为名耳。"

扁鹊年轻的时候，是一个非常普通的人，他的工作类似现在的旅舍的主管，并且他连续当了十余年的旅舍主管人。这十余年间扁鹊每天重复着同样的生活，如果没有碰到长桑君，相信扁鹊会一直从事这个工作，年少的他也一

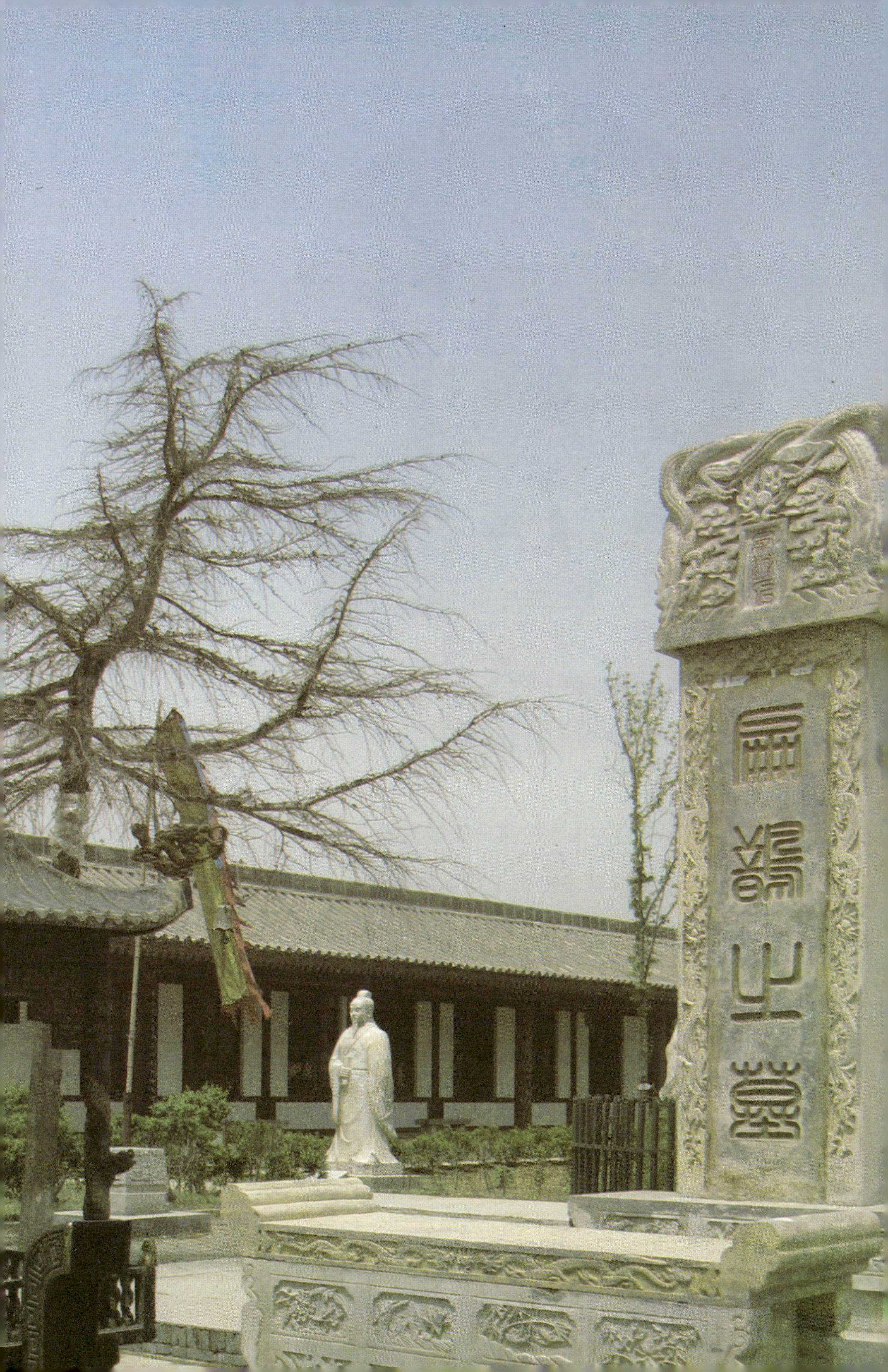

茯苓

定不会想到他会在未来的某一天成为受人尊敬、名垂千史的神医。

在扁鹊从事旅舍主管工作期间，有一位叫长桑君的老者经常会来到他的旅舍居住。这位老者看上去很普通，并没有什么特别之处，每天孤独一人，早出晚归。在他居住的这些日子，也没有表现出不同于其他人的行为。可是扁鹊，却认为这位老者一定不是寻常客人，因为在和老者的交谈中，扁鹊能够看出老人的谈吐以及做派和平常人不一样。实际上，这位老人是一位民间医生，医术非常厉害。

扁鹊很好奇，也很敬佩他的言谈举止，把他视为上宾，十几年如一日，恭恭敬敬地接待他，热情周到地招待他。扁鹊恭谨真诚的服务态度感动了长桑君，长桑君也看出扁鹊不是一般的店老板，更不是店小二，因此，格外喜欢这个年轻人。在与扁鹊交往的这些年，长桑君一直在观察扁鹊，发现扁鹊品德优良、真诚聪明、很有悟性。

终于，有一天长桑君私下找到扁鹊，对扁鹊说："我这有别人不知道的私家秘方，我的年龄越来越大了，也没有弟子，很怕我的这些方子随着我的死去而消失，没有办法帮助更多患病的百姓。在和你交往的这些年，我看得出你是一个有悟性的人，也有一颗仁慈之心。我想把我的方子和医术传授给你，这样我死后也能安心。希望你可以心系病人，无论是多么贫穷的病人，你都要怀着一颗治病救人的心，为他们解除疾病带来的痛苦，不知道你愿不愿意？"

扁鹊听后，态度严肃，真诚地回答："您放心，我一定会做到的。"长桑君听到扁鹊的回答，满意地点了点头，又严肃地问："学医非常辛苦，你会不会后悔？"扁鹊态度坚定地对长桑君说："治病救人是一件伟大的事，我一直都对医生怀有一颗敬畏之心，而且无论多么艰辛，我都不会后悔今天的选择。"长桑君听到扁鹊这样的回答，心中更加放心，于是把自己多年的治疗经验和收集整理的验方都毫无保留地传授给扁鹊，并叮嘱扁鹊千万不要随便泄露出去，以免被心术不正的人得到。

扁鹊认真研习长桑君传下的医术。他废寝忘食地学习，不断提高自己的医术，终究成为一位能"心见五脏症结"的杰出医生，并且尤其以诊脉最为著名。除此之外，他还精于内、外、妇、儿、五官等科，应用砭刺、针灸、按摩、汤液、热熨等法治疗疾病。据记载，扁鹊还精于外科手术，而且应用了药物麻醉来进行手术，被后世尊称为"医祖"。

虽然《史记》中的记载有着浓烈的传奇色彩，说长桑君从怀中拿出装在器皿中上池的水，让扁鹊连续喝三十天，眼睛便可以看到平常人看不到的东西，而长桑君在将自己的书籍和经验传给扁鹊之后，便消失不见了。扁鹊连续喝了三十天的上池水后，竟然可以看见人的

扶軒岐醫術華佗一代神醫聖

中國古代十

書問寫樞 本草千金經典傳

五脏六腑，并能帮助人们治病了。听上去有些夸张，但是也可以从侧面反映出，扁鹊的医术有多么高超。

扁鹊一生积累了大量的医疗经验，周游列国，到各国行医，为各国平民百姓治病，为他们解除痛苦。扁鹊还能够根据不同国家的需要，为不同的人来治疗不同的疾病。据《史记》记载："扁鹊名闻天下。过邯郸，闻贵妇人，即为带下医；过洛阳，闻周人爱老人，即为耳目痹医；后来入咸阳，闻秦人爱小儿，即为小儿医，随俗为变。"

当扁鹊来到邯郸（当时为赵国都城）时，发现赵国国君很重视女子。这主要是因为当时赵国被魏国围攻，男子都出去打仗了，只留下女子在家照顾老人孩子，还要耕种粮食给前方打仗的男子，她们生活

扁鹊纪念馆

《扁鹊仓公列传》内文

很艰辛,饭也吃不饱,衣服也穿不暖,多数患了病,留下了病根。赵国国君认为女子功劳很大,所以很重视她们。因为长期的饥寒交迫,很多女子患的病多属带脉以下,于是扁鹊就主治妇科疾病,当一名妇科医生。扁鹊来到洛阳(当时是周国的都城,今为河南洛阳)时,听说周国人特别尊敬老人,于是便主要从事老年人病症的治疗,多医治耳、眼等五官疾病,当一名老年病医生。扁鹊游历到咸阳时(今陕西咸阳一带),听说因为秦国地广人稀,劳动力严重不足,很重视人口发展,所以对小孩尤其看重。扁鹊来到秦国后就专治小儿疾病,当一名儿科医生。由此可见扁鹊的精湛医术。

在扁鹊周游列国行医的这些年,受到了各国百姓的追捧,几乎无人不知扁鹊医术高超,但扁鹊并没有因此骄傲自满,也丝毫没有改变他为人治病的初心。因为名声在外,总有人找到他,表达想要向他学习医术的决心,并且态度非常诚恳。相传扁鹊在这些人中精挑细选,一共收了十个弟子(但也有人说是十二个弟子)。

这十个弟子各有分工,大弟子名叫子豹,主要负责开方;二弟子名叫子明,对药材比较熟悉,所以主要负责抓药、配药;三弟子名叫子容,主要负责用针灸帮扁鹊给病人治疗疾病;四弟子名叫子术,对外科手术比较熟练,遇到严重的外伤时,辅助扁鹊进行手术;五弟子名叫子同,擅长的是火灸;六弟子名叫子阳,擅长切脉,通过诊脉发

柴胡

现患者的疾病情况；七弟子名叫子仪，负责为病人推拿；八弟子名叫子游，主要工作是炼丹制药；九弟子名叫子越，主要负责赶车，但也通晓医学知识；十弟子是虢国的太子，因扁鹊治好了他的病，拜了扁鹊为师，主要负责采药。

他们分工协作，各显其能，为医学发展贡献了自己的力量。

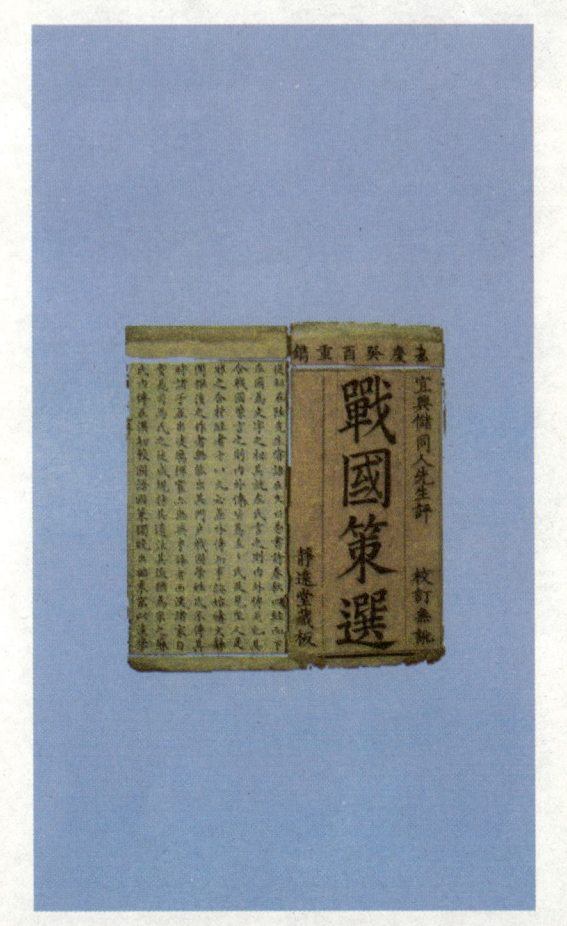

知识加油站

战国七雄：战国时期七个最强大的诸侯国的统称，分别为齐国、楚国、燕国、韩国、赵国、魏国、秦国。它们形成了七国争雄的局面。在这些诸侯国里，秦国实力最为雄厚，秦国自公元前230年至公元前221年，先后灭韩、赵、魏、楚、燕、齐，统一天下，七国争雄的局面结束。

《战国策选》内文

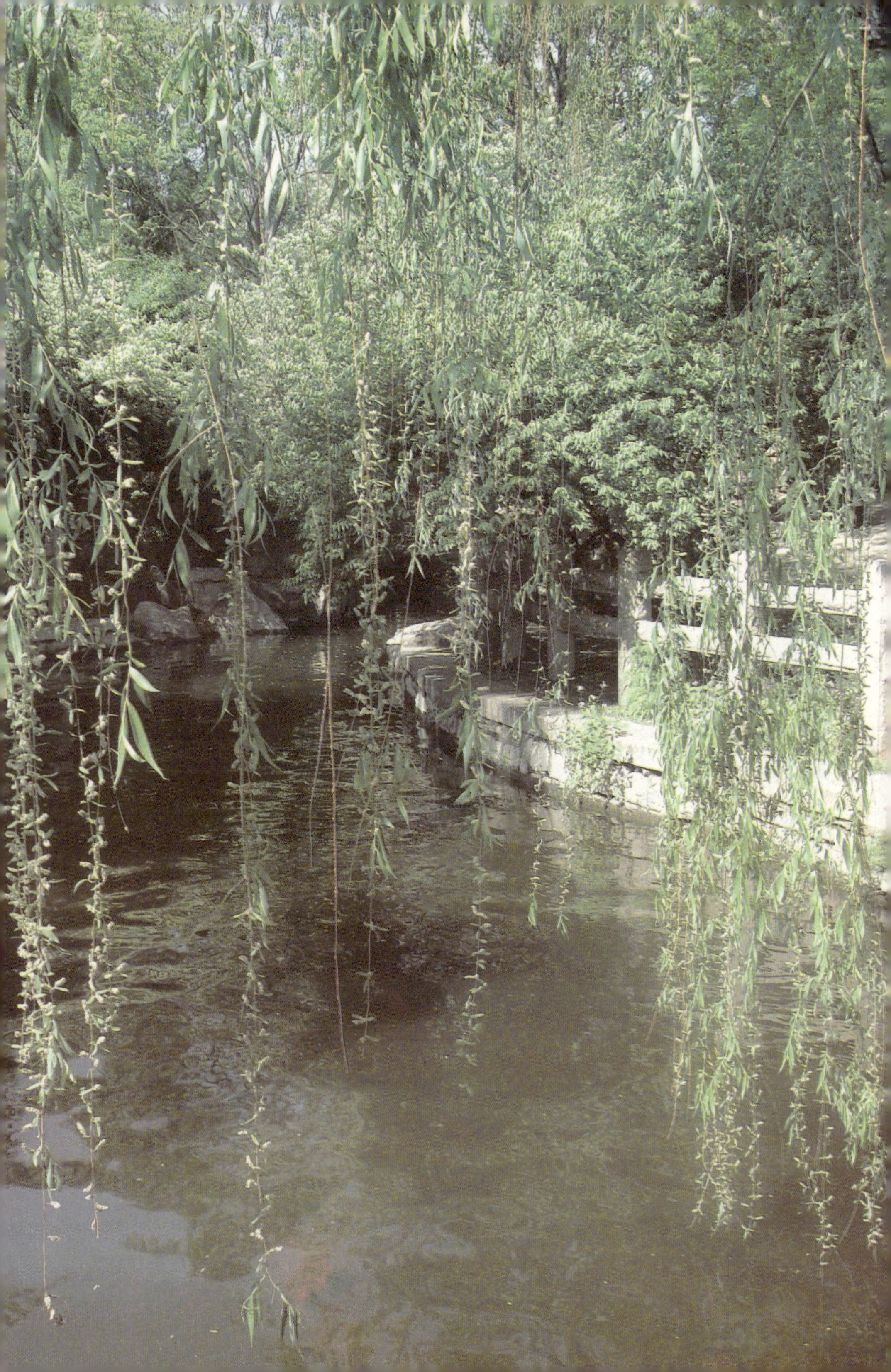

第二章

精于脉诊把病愈 首创寸口诊脉法

扁鹊带着弟子们到各地行医,在游医的过程中经历了很多坎坷,最终都一一解决。他与弟子子阳游医到晋国,为赵简子治病,又是怎样一番曲折呢?

传说,扁鹊和弟子子阳在行医的途中来到了晋国。晋国情况比较复杂,晋国大夫势力强盛,国君力量衰弱。虽然晋国的国君是晋昭公,但掌管国事的却是大夫赵简子。

扁鹊来到晋国的时候正好碰上赵简子昏迷。赵简子由于近日来一直忙于国事,劳累过度,已经昏迷了五天,一直不省人事。这对于晋国来说,无疑是一件天大的事,赵简子虽然不是国君,但在晋国却比国君说话更有分量,晋昭公无论做什么决定都需要征求赵简子的意见,没有赵简子,晋昭公根本没有能力治理好晋国。况且,当时晋国周边的赵国、齐国等国家国力强盛，对晋国早已虎视眈眈，如果晋国没有了赵简子，后果将不堪设想。

晋昭公此时正因为赵简子的不省人事而像无头苍蝇一样急得团团转。他派太医们为赵简子看病，可太医们却无论如何也诊断不出导致赵简子昏迷不醒的原因。太医们都感到很害怕，每天提心吊胆，生怕自己犯错导致脑袋搬了家。

赵简子的家臣董安于看到太医们一个个束手无策，一直没有诊断出赵简子到底是得了什么病，急得像热锅上的蚂蚁。他突然听说扁鹊来到了晋国，真是喜出望外。他之前就听说扁鹊医术高超，犹如神医转世，于是急忙找到扁鹊，请求扁鹊给赵简子看病。

扁鹊看董安于态度诚恳，听完他的描述之后，决定为赵简子看一看。扁鹊跟随董安于来到赵简子床前，并告诉外面的人要保持安静，然后扁鹊先望了望赵简子的脸色，接着将其全身看了一遍，又翻看了他的眼睛，用手试了试气息，然后把自己的手放在赵简子的"寸口"（指两手桡动脉的诊脉部位，分寸、关、尺三部，又称"气口"或"脉口"）处，开始为他诊脉。扁鹊发现赵简子的脉搏正常，从容和缓，又听到其呼吸匀畅，摸了摸他的身体并不僵硬，再联系刚才的望诊，知道赵简子并无大碍。

中医诊断病情主要有望、闻、问、切四种

扁鹊纪念馆

《黄帝内经》

诊病方法，其中，切诊是其中之一。在扁鹊以前，医生普遍使用的方法是黄帝的"三部九候法"，但这种方法使用起来特别麻烦，费时费力，几乎身上有脉管波动应手的地方都需要切脉，尤其在给女患者看病时，应用起来很不方便。

后来，扁鹊用了三年的时间来研究诊脉，发现"人一呼，脉行三寸，一吸，脉亦行三寸，脉行五十度周于身，复会于手太阴。而手太阴之脉动，位于寸口"，根据这一理论，首创了"寸口诊脉法"。之后，他又对"三部九候法"作出解释，认为"三部者，寸关尺也。九候者，浮中沉也"，受到了历代医家们的认可和推崇。时至今日，"寸口诊脉法"也是临床上使用的诊脉方法。

切完脉，扁鹊从赵简子的房间走出来，董安于急忙跟在扁鹊身后焦急地询问病情。扁鹊看他如此焦急，便对他说："放心吧，我摸了他的脉，脉搏跳动得很正常，很均匀，并且他尺肤不热，呼吸很正常，肢体不僵硬。他不会有什么事的，只不过是太劳累了，您不必担心，让他多休息休息就可以了，这期间不用采取任何治疗方法，也不用服药，等他自然醒过来就可以。"董安于听了半信半疑，扁鹊看出他脸上的怀疑，不等董安于开口，扁鹊接着解释说："从前秦穆公也有过这样的情况，整整昏迷了七天七夜才醒过来。他醒过来的时候，还对身边的公孙支和子舆说他这些天是去了仙境，见到了神仙。神仙告诉他晋国马上就要大乱，并且大乱之后，五世都不会安宁，在这之后晋国会称霸诸侯，只不过称霸诸侯的君主年纪轻轻就会死去，称霸者的儿子守不住霸业，淫乱纵容，导致晋国男女关系变得混乱。公孙支听后，还将秦穆公说的话写了下来并把它藏好，而秦国史册上对于这件事的记载，就是这样来的。不过晋国确实在晋献公时变得混乱，在晋文公时称霸诸侯，晋襄公时在肴山大败秦军，回去就纵容淫乱，导致晋国男女关系混乱，这些事情您也是都知道的。如今看来，现在的赵简子得的病和当时的秦穆公所患的病没有什么不同，不出三日，他就会醒过来的，醒来之后也一定有话要讲。"董安于听完，心中已经相信了扁鹊，便没有多问什么。

蝉蜕

　　果然，过了两天半，正如扁鹊所言，赵简子醒过来了，并且醒来后开始说一些奇怪的话。董安于看见赵简子醒过来，激动不已，赵简子疑惑地问他："发生了什么事？你怎么这么激动？"

　　董安于激动地说："您已经昏迷了七天了，急死我了，太医们都束手无策，多亏了神医扁鹊，不然卿相也许就没命了。"赵简子听了之后很吃惊，问他："我已经睡了七天了吗？那太医们都不知道我患了什么病，扁鹊是如何将我治好的呢？"董安于摸了摸脑袋，脸上带着疑惑说："他什么药都没有给您吃，只是叮嘱我们千万不要随便给您服用其他大夫开的药，也不要接受其他的治疗，您在三天之内一定会醒过来的。真是多亏了神医，禁止给您用一切药物，这才使您能够醒来，没有因为误服药物而丧命啊！"董安于说完，心里一阵后怕，如果赵

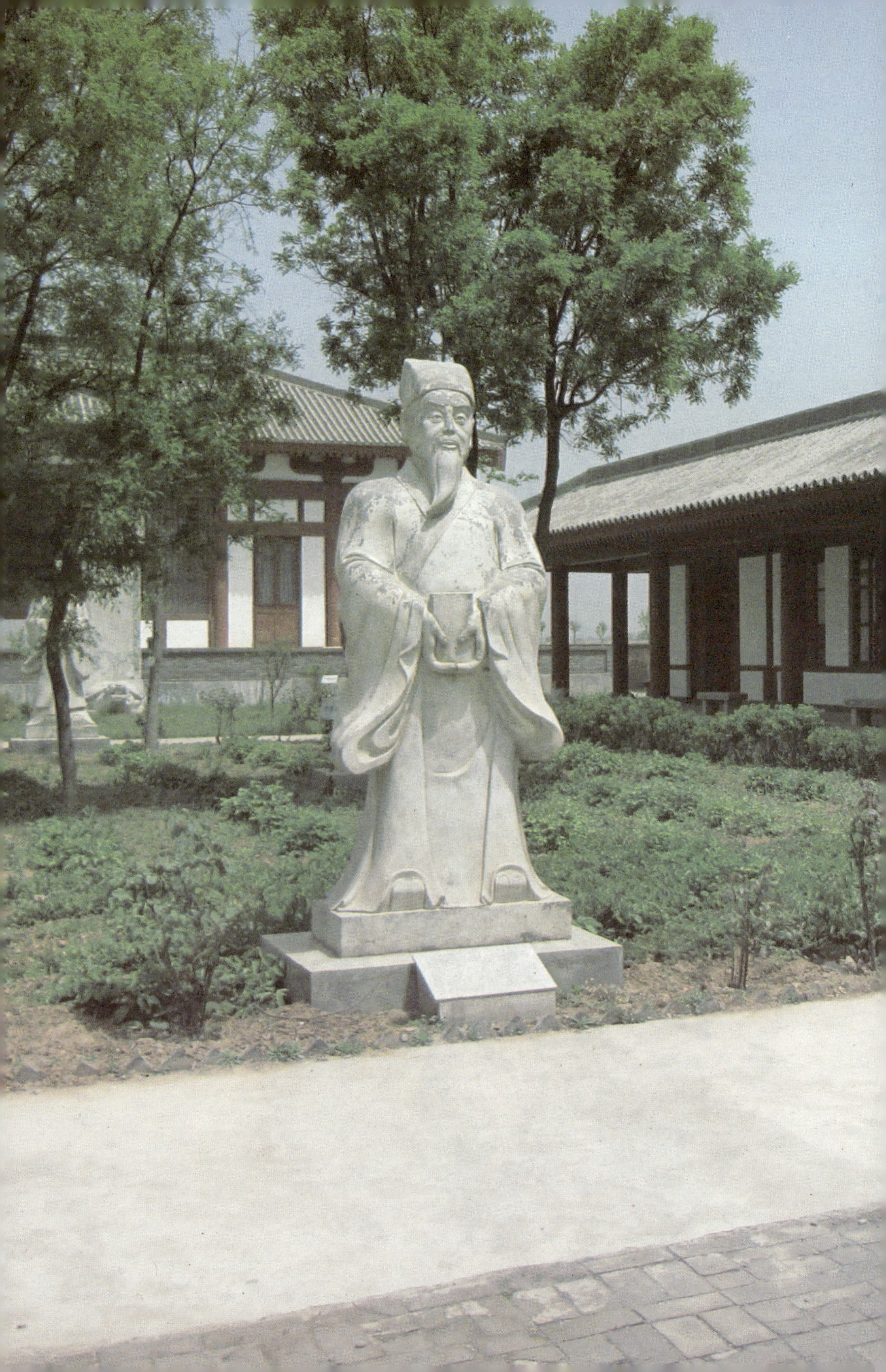

简子服用了太医们开的方子，后果真的不堪设想。赵简子听完董安于的话，忙说："那快带我去见他，我一定要重谢他。"

其实，赵简子除了想要感谢扁鹊之外，还有自己的私心，他想劝说扁鹊留在晋国当太医，因为他发现晋国的太医们竟没有一个比得了扁鹊，如果能够将扁鹊留在晋国，以后自己再得病也就不必害怕了。

当他看见扁鹊的时候，满怀感激地对扁鹊说："多亏了神医，使我在昏迷之中没有服用那些庸医开的方子，如果没有您，我就没有机会站在这里，也没有机会向您表达感谢了。"扁鹊笑了笑说："卿相言重了，治病救人是医生的本职。更何况卿相所得的病是因为您为国事操劳，太过劳累导致血脉瘀滞而昏迷的，我并没有做什么，既没有

陈皮

扁鹊纪念馆内景

第二章 精于脉诊把病愈

首创寸口诊脉法

开方，也没有针灸，卿相不必如此客气。"

赵简子趁机说道："正是因为您什么都没做，我才能够安然无恙啊！神医医术如此高超，如果能够留下来做晋国的太医，那真的是晋国百姓的福分啊！"扁鹊听后忙回："得到卿相的赞赏，是秦越人的荣幸，秦越人感激不尽，但我只是一名普通的医生，过惯了四处行医的生活，实在是过不惯王宫里的生活啊。"赵简子见扁鹊拒绝得十分干脆，知道自己多说无用，便对扁鹊说："既然神医已经这样说了，我也不能强人所难，但为了感谢您救了我的性命，我会送给您一百两黄金，这样以后您就不必为金钱发愁了，这是我的心意，千万不能拒绝。"

扁鹊看了看黄闪闪的金子，丝毫不为所动，他对赵简子说："我行

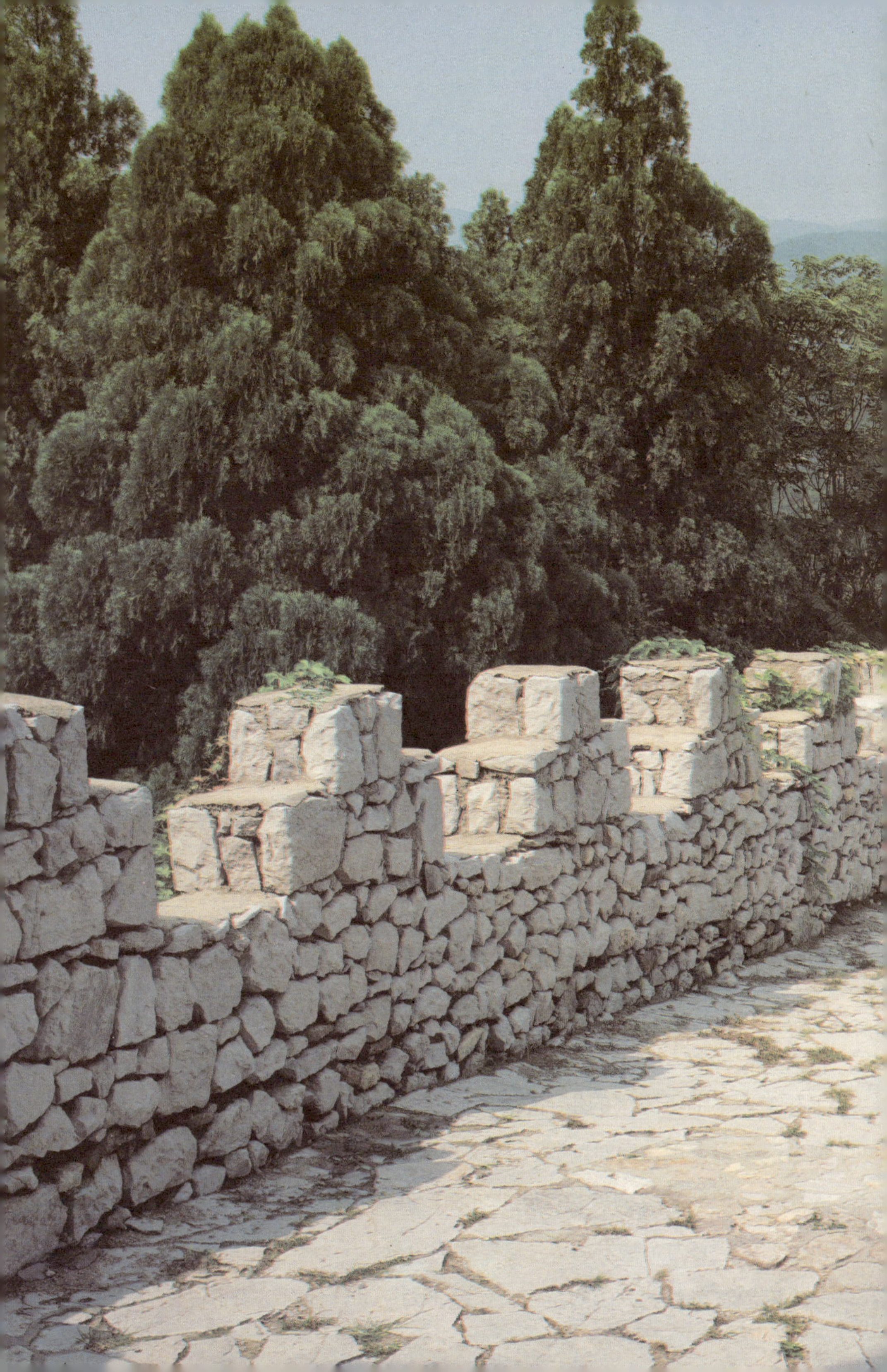

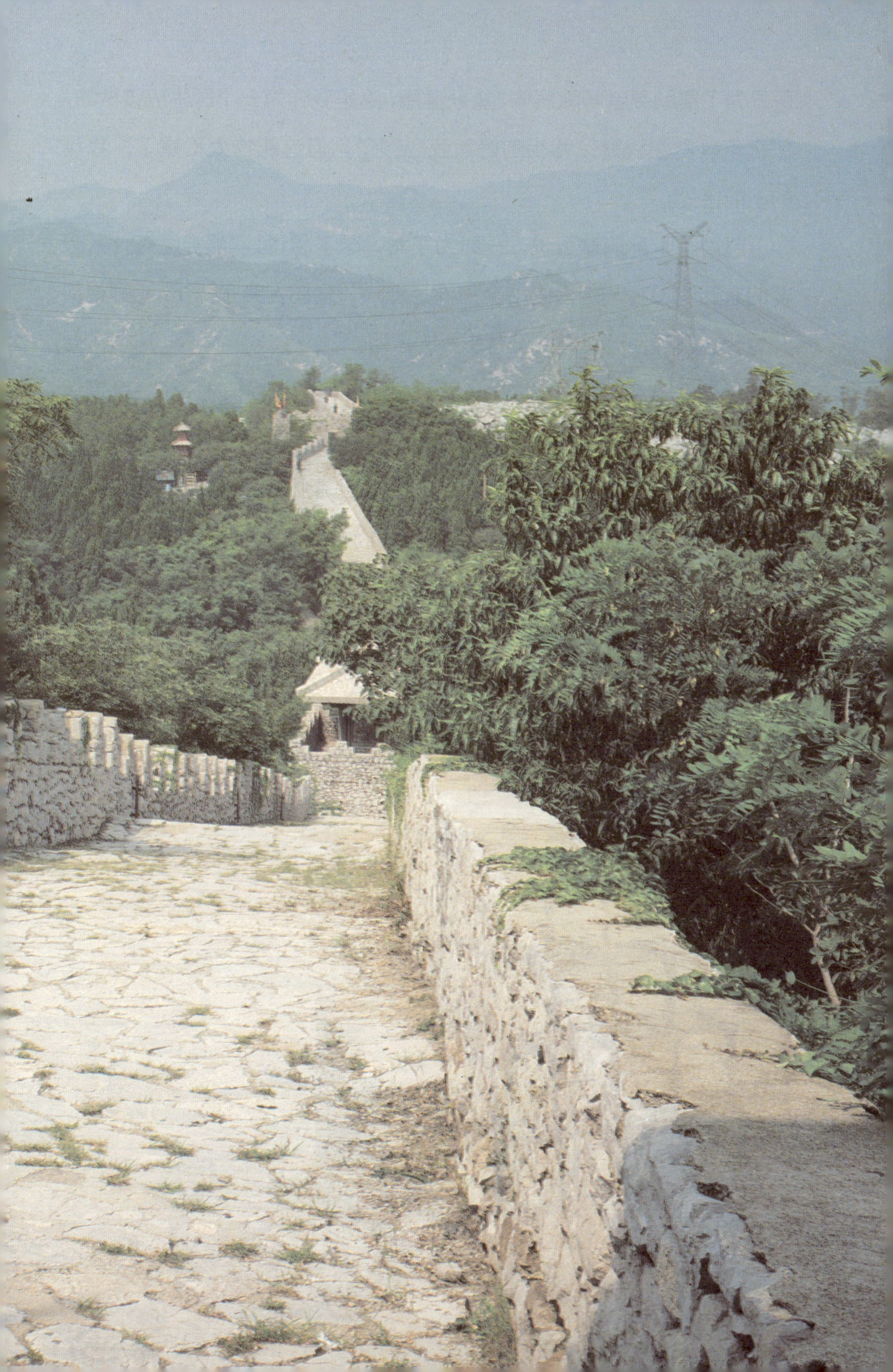

医是为了帮助患者解除病痛，重获健康，这是我作为一个医生应该做的，怎么可以贪图钱财？卿相的好意我心领了，但这礼物太贵重了，我真的不能接受。"

赵简子听扁鹊这么说，一时为了难，想了想说："那神医有什么想要的东西吗？我一定会竭尽全力满足您。"扁鹊苦笑了一下："卿相的好意我心领了，可我真的没有想要的东西。"

赵简子从来没有见过这么不爱钱财的人，不相信地说："可是您行医也是需要钱来生活的呀，您拿了这些钱，可以不为生活犯愁，也方便您行医啊！"扁鹊笑着说："我们家在蓬山，那里什么都有，不仅有吃的，而且还有很多药材，足够我们生活了。"赵简子一听，特别开心地说："太好了！那我就把蓬山赏赐给您，正好那里还是您生活的地方，您以后回到那里生活也方便。"

赵简子的侍从们听了都大吃一惊。因为蓬山可是一个好地方，地大物博，赵简子竟然轻易地就赏赐给了扁鹊，侍从们都想上去劝说，

黄金

川芎

但看赵简子态度坚决，只得作罢。扁鹊听赵简子这么一说，连连摆摆手说："卿相，这蓬山地大物博，是个富裕的地方，我更不能接受了。"赵简子却笑笑说："您不必为难，别说一个小小的蓬山，就算十个蓬山都表达不了我对您的感激。您治好了我的病，挽救了我们赵氏家族，而且如果我真的死了，一定会有人趁机作乱，我们晋国肯定会大乱，您这也是挽救了我们晋国呀，这么大的功劳，还不值一个蓬山吗？"

说完便对身边的侍官说："赐神医秦越人蓬山四万亩山林。"身边的侍从看赵简子那说一不二的神色，也不敢多说什么，而扁鹊还没来得及开口拒绝，赵简子已经下令将蓬山赏赐给了扁鹊。扁鹊知道自己说什么也改变不了了,只能弯腰行礼,对赵简子说:"拜谢卿相的厚爱与恩惠。"

在扁鹊和弟子子阳离开晋国的时候,赵简子特意送行。扁鹊在临走之前,满怀关心地对赵简子说:"卿相虽国事繁忙,但也要注意休息,不可太过劳累,万事还是要以卿相的身体为重。"赵简子听出了扁鹊口中的关心,对扁鹊表达了感激之情,并允诺一定会注意身体,多加休息,扁鹊这才和弟子放心地离开了晋国。

后来,扁鹊也曾回到蓬山定居,为蓬山的人们治病,人们都很感谢

山峦叠翠

《难经》内文

他，尊敬他，爱戴他。

我们从这则故事可以看出扁鹊高超的诊脉技术。《史记·扁鹊仓公列传》载："扁鹊以此视病，尽见五藏症结，特以诊脉为名耳。"又载："至今天下言脉者，由扁鹊也。" 近代历史学家范文澜也说："扁鹊是切脉治病的创始人。"明确地指出了扁鹊是我国中医学脉学的创始人。而且扁鹊精于脉诊，可以用诊脉判定人的生死，这也在他诊治赵简子的故事里得到了充分证明。

总之，扁鹊创立的寸口诊脉方法以及他对"三部九候法"的进一

扁鹊纪念馆

步解释，撰写《难经》，都为后世脉学的发展奠定了良好的基础，让切脉变得简单、精准，为中医学作出了巨大的贡献，后世医家也将扁鹊奉为"脉学之宗"。

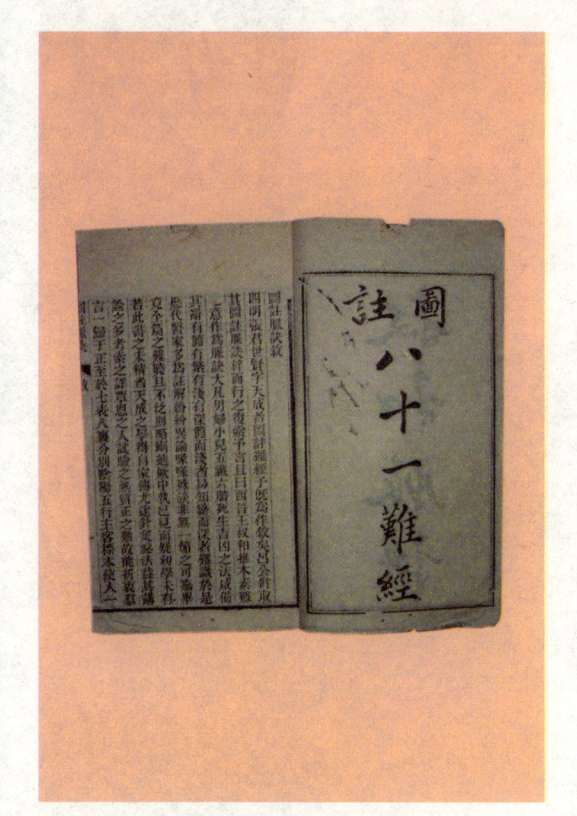

《图注八十一难经》

知识加油站

"寸口诊脉法"就是医者运用自己的食指、中指、无名指三个手指，轻按患者左右手腕桡动脉搏动处，通过感知寸、关、尺脉象变化来检测疾病的诊脉方法。一般来说，左手的寸、关、尺脉分别对应着心、肝、肾三脏，右手的寸、关、尺脉则分别对应着肺、脾、命门。

《难经》又称《黄帝八十一难经》，学术地位极高，相传为战国时期秦越人（扁鹊）所著，"难"是"问难"，也可以解释为"疑难"，"经"指的是《黄帝内经》。

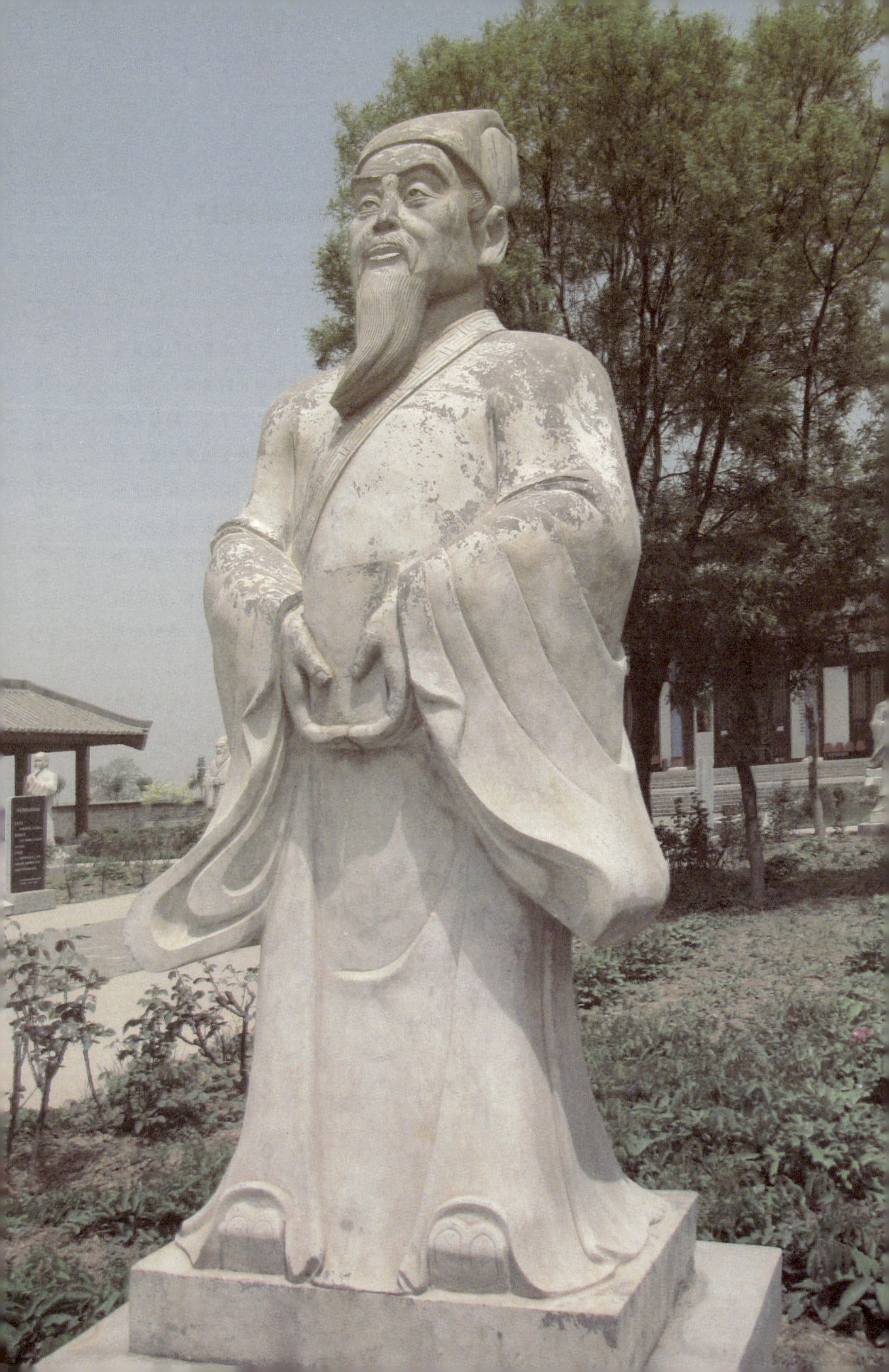

第三章

精通望诊知病变 讳疾忌医把命丧

"讳疾忌医"的成语来源于扁鹊与齐桓公的故事,扁鹊仅仅通过望诊便能断人生死,神奇至极。现在让我们一起回到当时的场景。

有个成语叫"讳疾忌医",原意指病人隐瞒疾病,不愿意配合医生医治。现在用来比喻掩饰缺点和错误,不愿改正。扁鹊就是这个成语的主人公之一。

"讳疾忌医"的成语故事最早见于成书于战国时期的《韩非子》中,讲的是传说中扁鹊的一次行医经历。在故事里,主人公扁鹊就是被病人"忌"的"医";而另一位主人公——"讳疾"的这位病人,是战国时期齐国的一位国君,谥号"齐桓公",后世为了将他和春秋时期的齐桓公区别开,一般称他"齐桓公午"。齐桓公午在《韩非子·喻老》中被称为"蔡桓公",在《史记·扁鹊仓公列传》中,被称为"齐

《韩非传》内文

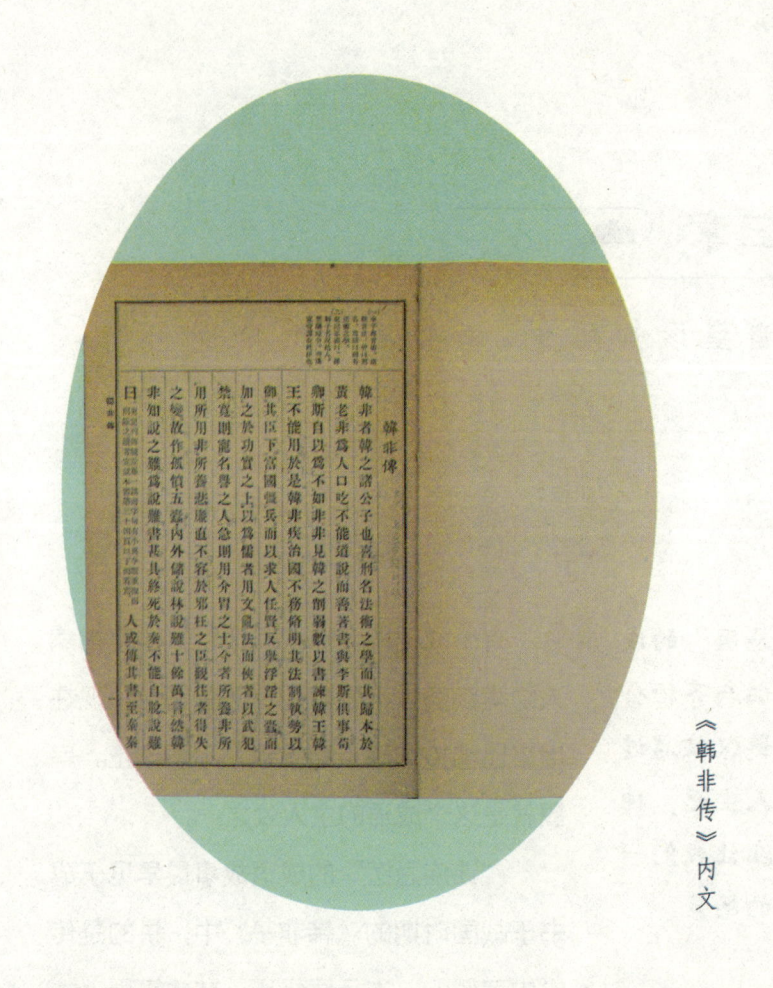

桓侯"。

这位齐桓公午和扁鹊之间发生了什么故事,又是如何因为讳疾忌医而丧命的呢?

世人都纷纷称赞扁鹊医术高超,医德高尚,这话也传入了齐桓公午的耳朵里。齐桓公午听了之后很好奇,想见一见扁鹊到底是何方神圣,被大家如此赞赏,于是齐桓公午派人去请扁鹊来齐国进宫觐见。

扁鹊听说齐桓公午要见自己,不知所为何事,不敢耽误,连忙进宫。扁鹊精于望诊,在齐桓公午和大臣们说话的时候,扁鹊观察了一会儿齐桓公午，发现齐桓公午的气色不太对，但看得出来疾病现在还是初发阶段，并不严重，如果能够早些治疗的话很快就可以恢复健康。

虽然齐桓公午召见扁鹊的目的并不是为了治病，但扁鹊作为一名医生，已经发现眼前的人患了疾病，如果及时治疗就可以痊愈，便出于医生的本能，对齐桓公午说："国君，我刚刚通过望诊，发现您的腠理间有点小病，但现在疾病很轻，如果及时治疗的话，很容易治好，如果不及时治疗的话，疾病恐怕会加重啊！"

齐桓公午近日并没有感觉到不适，听扁鹊说自己患病，顿时不开心了，脸色不悦地说："您看错了，我自己的身体我很清楚，有没有病我还是能感受得到的，我的身体并没有感觉到任何不适。"

红花

扁鹊墓园石雕

扁鹊看齐桓公午态度坚决，知道无法说服齐桓公午，便不再多说什么。等扁鹊走后，齐桓公午对大臣们满不在乎地说："大夫最喜欢说没有患病的人得了病，然后给治疗疾病，最后再说疾病治好了，以此当作自己的功劳。我对于自己的身体很清楚，没有感觉到一点点不适，明明没有得病，可他却硬要说我得了病，他这样做的目的就是为了拿我来谋功劳罢了。百姓们还以为他是神医，原来都是用了这种欺骗人的手段。"大臣们听了纷纷附和，对扁鹊不屑一顾，认为他不过是个江湖骗子。

过了十天之后，齐桓公午已经忘记了这件事，扁鹊又一次觐见齐桓公午，发现齐桓公午的疾病已经由皮肤进入到肌肉，面色也变得苍白，

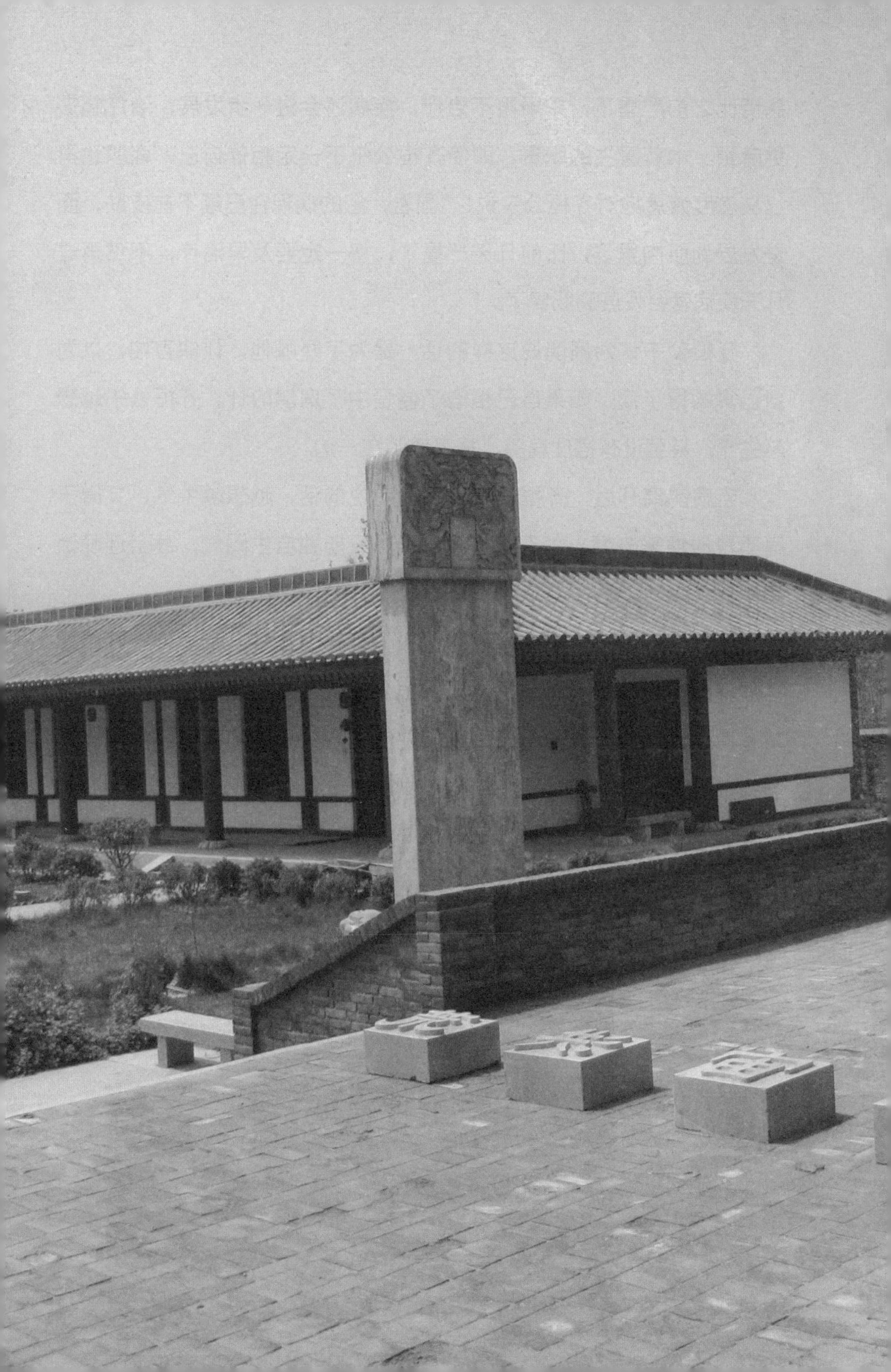

病情比之前严重了，如果再不治疗，疾病还会进一步发展，治疗起来更麻烦。本着医生的职责，即使齐桓公午不一定相信自己，扁鹊也再一次态度诚恳地对齐桓公午说："国君，您的病现在已经不在皮肤，而是发展到肌肉里了，比前几天严重了，您一定要及早治疗，不然再过几天疾病就会发展到肠胃了。"

齐桓公午认为扁鹊说这样的话，是为了吓唬他，让他害怕，以为自己真的得了病。如果自己相信了便是中了扁鹊的计。齐桓公午越想越生气，甚至没有搭理扁鹊，将扁鹊晾在一边。

当扁鹊离开后，齐桓公午想到扁鹊说的话，越想越生气，又碍于扁鹊是他请来的客人，不能当面发作，只能独自生闷气，甚至连晚饭都没吃。

就这样又过了十天，扁鹊再次遇见了齐桓公午，齐桓公午并不想搭理扁鹊。但扁鹊通过望诊发现齐桓公午的脸上已经没有了血色，异常苍白，连动作上也能看出来不如往常。齐桓公午的病已经由肌肉发展到了肠胃，如果到了肠胃还不治疗，疾病继续发展下去也就无药可救，只能等死了。

扁鹊祠

扁鹊真心为齐桓公午感到着急,即使齐桓公午满脸写着厌恶,扁鹊依然走上前,对齐桓公午说:"国君啊,您的病现在已经从肌肉发展到肠胃了,真的已经特别严重了,现在必须得治,再不治恐怕……将没有办法可治啊!"

扁鹊没有把"等死"两个字很直白地说出来,一是因为齐桓公午是国君,地位很高,说话要有分寸,并且齐桓公午也不信任他,很容易因为话语不对将自己陷入一个危险的境地,甚至性命不保。还有一个原因是出于对患者的考虑。对于患者来说,听到等死这样的话,相当于被医生判了死刑,会加重患者的心理负担,患者的精神状态不好,心理压力大,对治疗疾病会起到相反的作用。因此扁鹊只是表达了疾病需要治疗的急迫性。齐桓公午却一直坚信自己没病,觉得扁鹊这么说是在吓唬他,让他害怕,然后就会请扁鹊看病,扁鹊再假装把病治好,就可以和百姓说"看,我把齐桓公午的病治好了",以此来博得百姓的信任,是扁鹊获得功劳的一种手段而已。

面对扁鹊的忠告,齐桓公午只是冷冷地哼一声,生气地对扁鹊说:"我知道您这样做的目的是什么,我的身体很好,您以后不要再和我说这些话了。"说完头也不回地离开了。

扁鹊听后,摇了摇头,知道齐桓公午并不

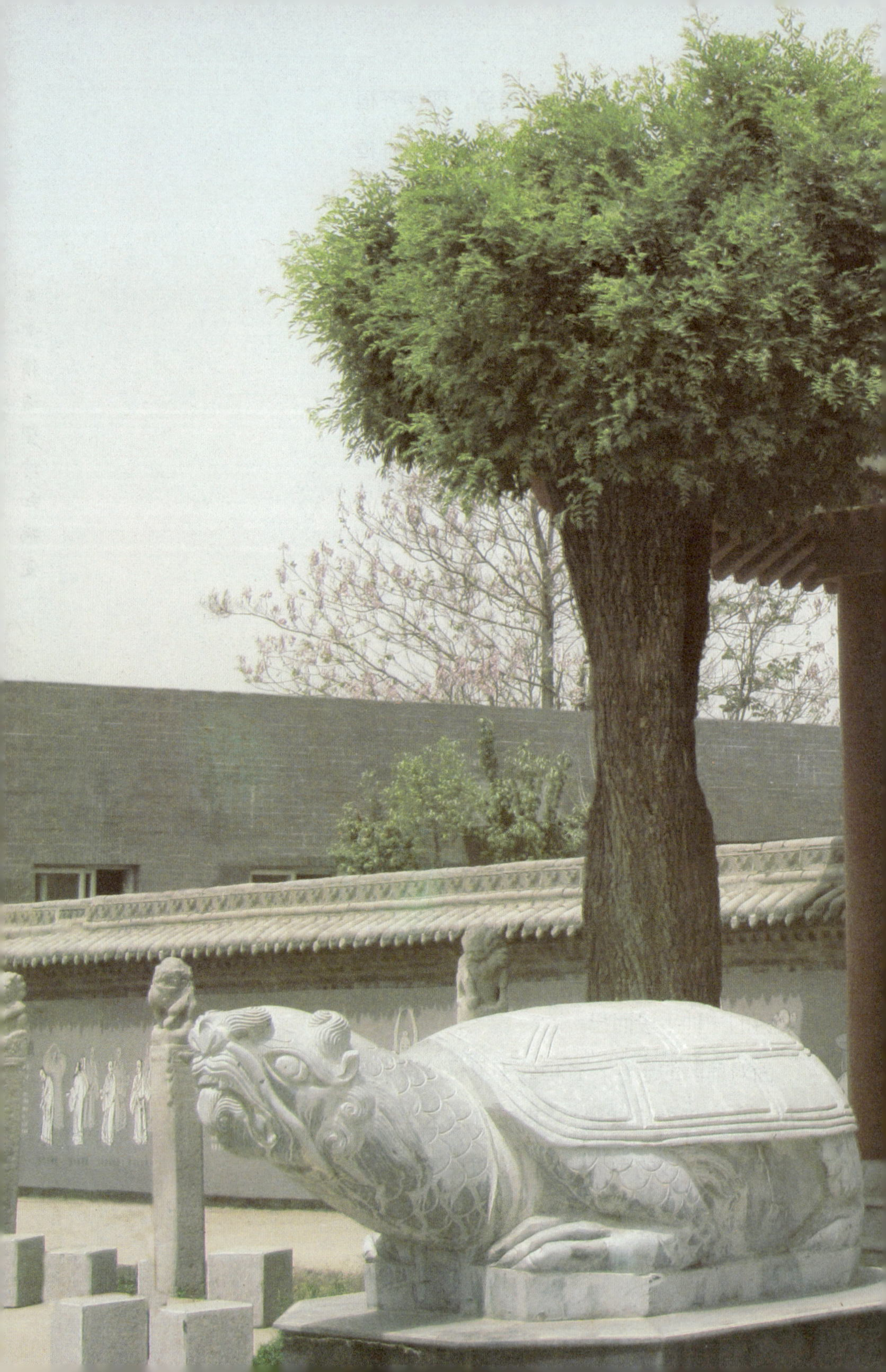

陕西省重点文物保护单位

扁 鹊 墓

陕西省人民政府
一九九二年四月二十四公布
陕西省人民政府立

相信自己，也就不再多说什么了。

后来又过了十天，当扁鹊远远地见到齐桓公午的时候，他立马转身就走了。齐桓公午看到这个场景很不理解，便找人去问扁鹊："为什么看见我之后不再和我说话，反而转头就走了呢？"扁鹊对来询问的人说："刚开始国君的疾病很轻，只是在腠理之间，我用热熨的方法就可以把病治好；慢慢疾病已经从皮肤发展到了肌肉，但是并不严重，我可以用针灸的方法把病治好；后来疾病又从肌肉发展到了肠胃里，这个时候疾病已经很严重了，但是我用火剂汤的方法也是能够治好的；现在疾病已经发展到了骨髓里，是司命所管的事了，我已经没有任何办法能够治好齐桓公午的病了，所以我不再说话了。"

齐桓公午听了侍从转达的话，感到有点害怕。然而即使到了这个时候，齐桓公午也并没有完全信任扁鹊，只是有点怀疑自己是不是真如扁鹊所说，确实是患了疾病，但由于自己并没有感到不适，只是暗暗揣测。

就这样，在齐桓公午的怀疑中又过了五天，齐桓公午开始感觉到自己浑身疼痛，这才意识到疾病的严重性，害怕到晚上也无法入睡。想到扁鹊曾经对他说的话，才明白原来扁鹊并没有在骗他，而是真心想为他治病，而他却一次

扁鹊针灸治疗法则

《扁鹊针灸治疗法则》

扁鹊墓园

次地拒绝了扁鹊，导致错过了治疗的最佳时机。齐桓公午悔恨地说："原来我是真的有病了，扁鹊真心想为我看病，可我却错怪他，认为他在骗我。我的病也许就像扁鹊所说的，刚开始只是在皮肤，疾病很轻，因此没有什么症状出现，治疗起来也容易。因为我没有及时治疗，疾病发展到了肌肉，后来又到了肠胃，现在我的病越来越重了，已经到了骨髓，恐怕再过几天我就不行了，快去帮我找扁鹊，他一定有办法治好我的。"

即使到了这个时候，齐桓公午依然觉得自己还有一线希望，认为扁鹊有办法将他治好。他把全部希望放在了扁鹊身上，派人四处寻找扁鹊，可惜这个时候扁鹊早就已经离开齐国了。齐桓公午听了之后吓得面如土色，头上冒出了一层汗珠，一下子瘫倒在地，后悔地说："我

山间流水

讳疾忌医

成语

不该不听信扁鹊的话，骄横自大，讳疾忌医，把自己害死了！"过了几天，齐桓公午病入骨髓，无药可救，最终死去了。

"讳疾忌医"这个成语就出自此处，常用来比喻那些掩饰自己的缺点错误，害怕批评而不愿改正的行为。我们在日常生活中，对待自己的缺点和错误，应该及时改正。从这个故事我们也可以学习到，应该善于听取别人的意见，正确认识自己，不要一意孤行，要懂得防微杜渐的道理，不要等到事情严重了才去想解决的方法。对于我们的身体也是，当有小毛病的时候就要去治疗它，不要等到很严重了才去治疗，以至于病情严重，追悔莫及。

通过这个故事，我们可以看出扁鹊的望诊技术出神入化。望诊是中医四诊中的其中一诊，是指医生通过眼睛观察患者的整体或局部的变化、观察病人颜面五官气色变化来判断疾病发生发展情况的一种诊疗方法。由于面部和舌与人的五脏六腑关系密切，因此通过观察五官变化的状态能够得知疾病的发生、发展情况。

扁鹊是望诊的代表人物，他能从齐桓公午的气色中，看出疾病所在以及病情的发展情况，这是很不简单的，需要特别扎实的理论基础以及丰富的临床经验。所以，汉代著名的医学家张仲景赞赏不绝地说："秦越人的医术实在太厉害了，尤其他的望诊，更是出神入化，实在是令人叹为观止啊！"

知识加油站

张仲景，名机，字仲景，被后世尊称为"医圣"。他所著的《伤寒杂病论》更是中医学的经典著作，确立了辨证论治法则，为历代医家辨证论治的楷模，是中国第一部从理论到实践的医学专著，更是中医临床不可缺少的必读书。

《伤寒论》

扁鵲偏方

手抄本
光緒捌年

《扁鵲偏方》

第四章

虢太子得尸厥症 扁鹊起死回生术

起死回生之术是否真实存在？扁鹊带弟子游医虢国途中就发生了一件虢国太子"还魂返阳"的故事，当时是怎样的情景呢？

扁鹊和弟子们四处行医，治好了很多患者的病患，以至于很多地方都有扁鹊在当地行医，施展医术治病救人的传说。其中最神奇的一个，莫过于扁鹊在虢国给虢国太子治病，让虢国太子起死回生的传说了。

扁鹊带着他的弟子子术、子豹、子阳等外出行医时路过虢国，虢国正在举行大规模的祈祷活动，扁鹊看到这种情形，猜想一定是王宫里死了什么人，便弯腰行礼对腰上挎着宝剑的守宫将官弈力说："请问将军，全国举行这么大规模的祈祷活动，是因为宫里有人去世了吗？"

那将官看扁鹊并不清楚情况，厉声

问:"你们是什么人?哪里来的?怎么连太子去世的事都不知道?"这时弟子子术指着扁鹊介绍道:"我们外出行医路过此处,这是我的师父扁鹊。"

将官栾力一听竟然是神医扁鹊,想到刚刚去世的太子,充满遗憾地感叹道:"神医啊,您怎么没有早点来呢,太子现在已经去世半日了。如果您早来半日,我们的太子也许就不会去世了啊!"

扁鹊听完忙说:"冒昧地问一句,太子是因为什么病去世的呢?"将官栾力悲伤地说:"本来太子的身体是很健康的,平常也没有什么不适的症状,也没有听说太子患了病。可是今天清晨起床后,太子像往常一样在院子里练习刀枪,突然就倒地不起了,还没来得及将太医请来,就已经,已经……"

扁鹊听了栾力的话觉得太子死得很是蹊跷。看栾力面带悲伤,扁鹊连忙说:"将军节哀啊!我听了您说的话之后,觉得太子可能还没死,能否通报一下,我愿意进宫观诊,也许太子还有一线生机。"

将官栾力听到太子还有一线生机,便赶紧跑到宫中向中庶子(太子的侍从官)说:"太子可能有救了!神医扁鹊现在正在我们这里,他和我说太子也许还有一线生机,请求为太子观诊。"

中庶子一听，竟是扁鹊来了，连忙说："快，现在就带我去见他。"扁鹊见到中庶子，知道他是太子的侍从，一定比其他人更了解太子的详细情况，便问："我看全国在举行祈祷活动，刚听说是因为太子去世了，请问太子患了什么病？又是如何去世的呢？"

中庶子尽量回忆太医说的话，边想边回答："太医说太子是患了气血无法正常运行的病。这种病发作特别突然，因为内在的阴气无法向外宣散，外在的阳气无法回归体内，致使阳气虚衰，阴邪旺盛，气血不能正常运行导致郁结，使内脏受损，所以突然昏厥而去世了。"

扁鹊听完又问："那他去世了有多长时间了呢？"中庶子想了想说："从鸡鸣时分到现在。"扁鹊听完后，认为太子并没有真正地死去，他担心太子已经被收殓了，焦急地问："收殓了吗？"中庶子连忙说："还没有，因为离去世的时间还不到半日，现在遗体还在皇宫里。"

古松

苍松翠柏

　　扁鹊听了暗暗松了口气，又进一步了解了太子发病的各种情况后，可以确定太子患的只是一种突然昏倒不省人事的"尸厥"症。这种病的症状看上去像死去了一样，鼻息特别微弱，甚至察觉不到。扁鹊打算亲自去察看诊治，他信心百倍地对中庶子说："请帮我转告虢君，就说我是扁鹊，一直没有机会见到虢君的神采，也没有机会能够到近前侍奉过虢君。听说太子不幸'死'了，希望可以为虢君尽我的一份力，将太子救活。"

　　中庶子听扁鹊这么一说，一时犯了难。虽然知道扁鹊的医术高超，一直有所耳闻，可是他也确实看见太子已经去世。扁鹊却说可以将太子救活，而将死人救活听上去就觉得很不可思议，他不免有些怀疑。

如果他贸然向虢君提议，最后却没有将太子救活，虢君空欢喜一场，很有可能因为受不了二次打击而将怒火发泄到他身上，这无疑是惹祸上身，严重的话，很有可能性命不保。可转念又一想，如果扁鹊真的能够将太子救活，那自己也算是立了大功了。更何况，如果虢君知道扁鹊让他转告，而他却擅自不报，失去了可能救活太子的机会，这也是一个大罪过。

中庶子思来想去，还是忍不住但态度恭敬地问扁鹊："我知道您医术高明，对您也特别尊敬。但这死人还能活过来简直太不可思议了，您不是在欺骗我吧？为什么说太子可以复活呢？我听说上古的时候，有位叫俞跗（相传为黄帝时的名医）的医生，医术特别厉害。他在治病的时候不用汤剂、酒剂、石针导引、按摩药敷这些方法，仅用眼睛就能知道患者病位所在。他根据五脏的腧穴走向，用刀把皮肉割开，疏

药材

通经络后，将筋脉连接，再用手按摩头部，并按治膏肓和隔膜，然后将肠胃冲洗干净，再清洗五脏，修炼精气，变化形体。您的医术如果真能够达到这种程度的话，那么我就相信您能够将太子救活。如果您的医术没有达到这种程度，那就是不懂事的婴儿也会知道您说可以救活太子的话是骗人的。"

听完这番话，扁鹊无比气愤。治病救人特别注重时机，而中庶子不抓紧带他去给太子治病，反而在这里长篇大论，耽搁时间，如果再耽误一段时间，那么太子也就真的死了，即使有再高的医术也无力回天了。扁鹊仰天长叹一声说："俞附先生运用医术，就好比拿竹管子看天空，从缝隙里看纹饰。而我看病，即使没有切脉，但看一看病人的面色，听一听病人的声音，或者从外形上观察一下，也能够说出疾病的所在。我了解了疾病的外在症状，就可以知道疾病的内在病机；反过来，我知道了疾病的内在病机，也可以推断出外在症状有哪些。疾病表现在人的体表，只要病人离我在千里之内，那么我就有很多判断疾病的方法，当然我现在没有办法和您一一细说。如果您依然不相信我所说的话，您可以试一试，入宫去诊察太子，现在太子的耳朵会有鸣响，鼻翼也在煽动，您摸他的大腿部位是温热的。您现在就可以去

第四章 虢太子得尸厥症 | 53 | 扁鹊起死回生术

松树

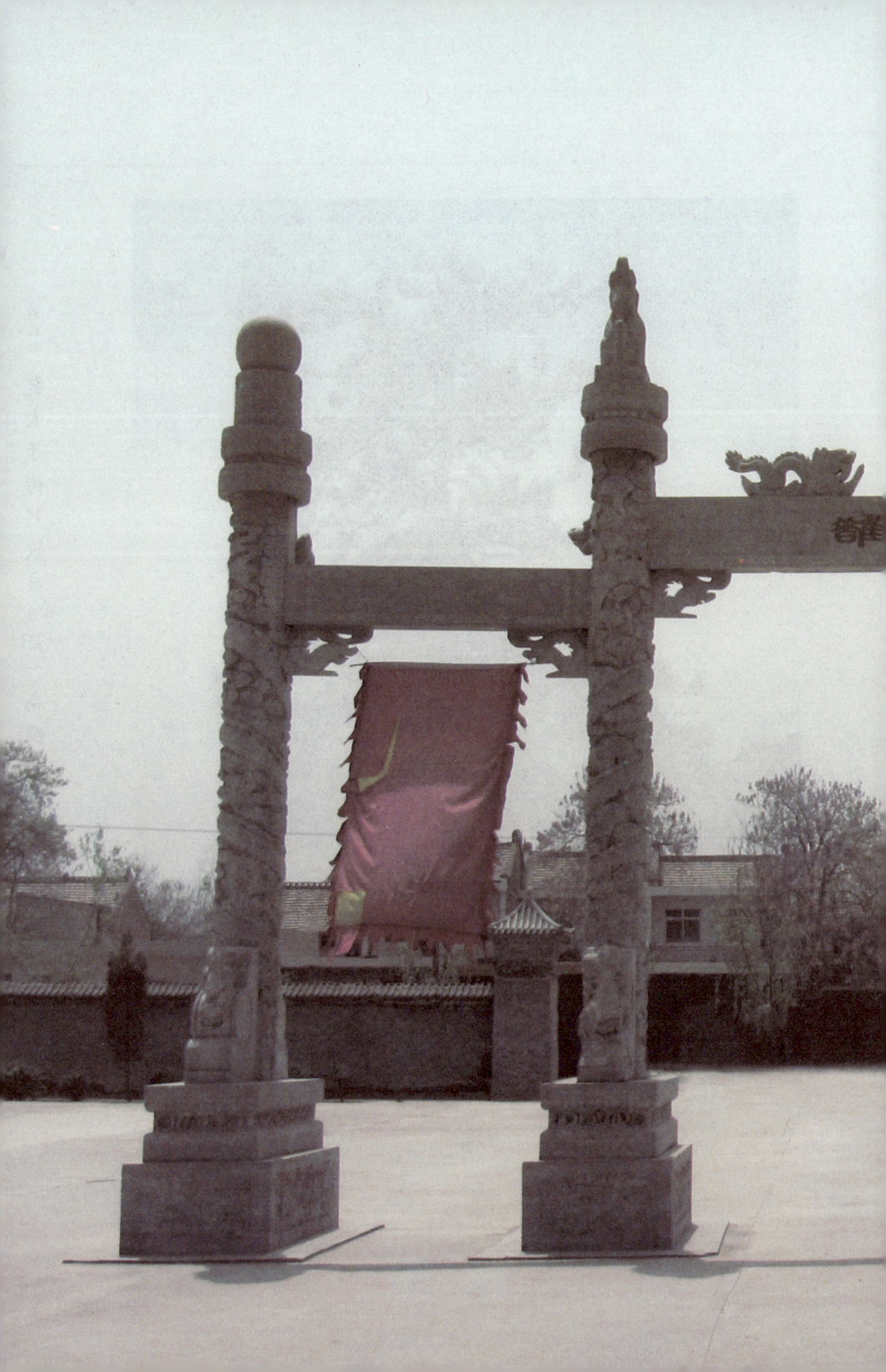

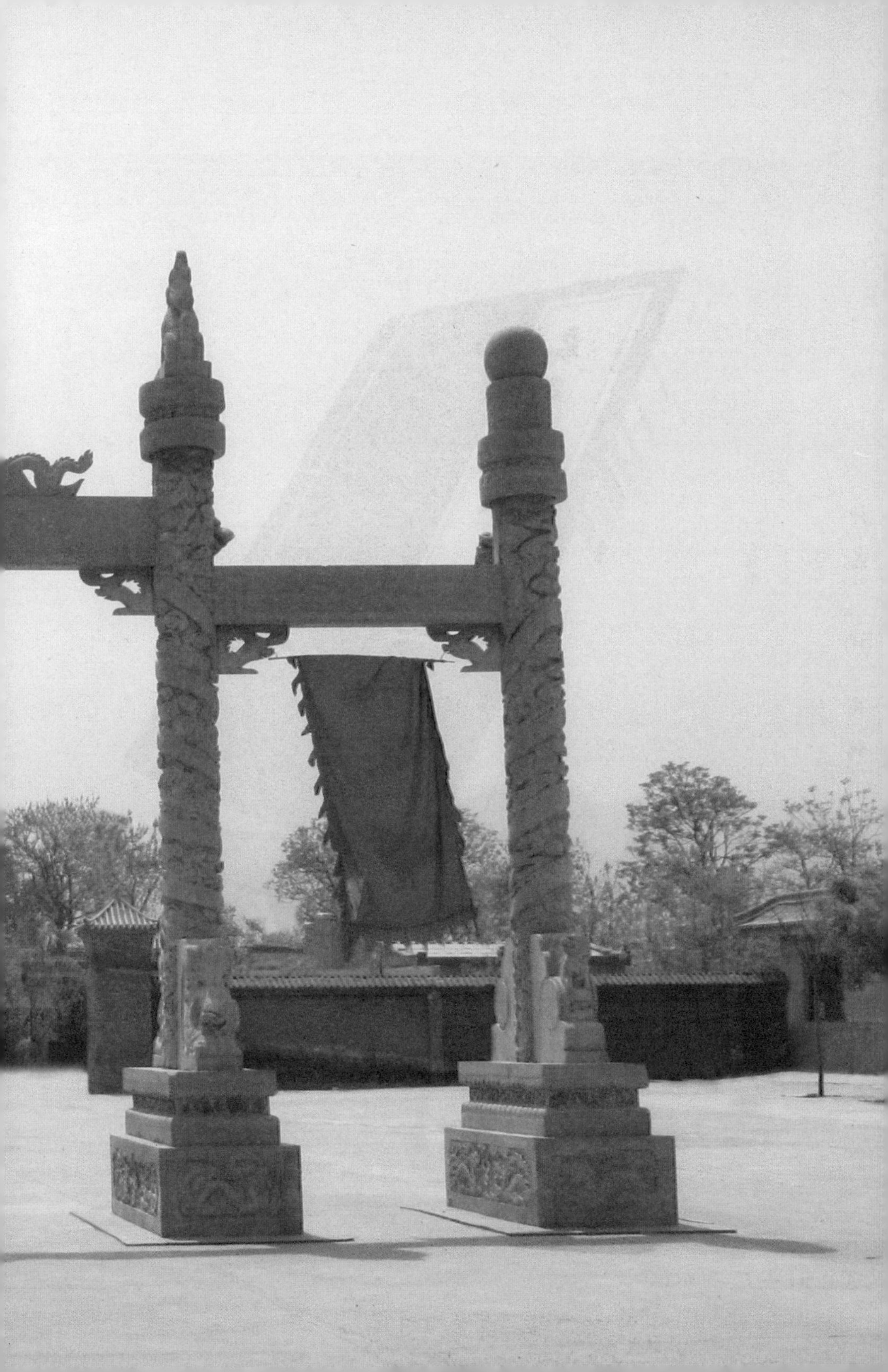

神医
SHEN YI

56

扁鹊
BIAN QUE

《扁圣医籍》

扁鹊被崇拜的人构想成图腾鸟

试一试，试完之后就知道我说的是不是事实。"

中庶子听完扁鹊的话，虽然依然有所怀疑，但看扁鹊态度坚定，并不像是在骗他，将症状也描述得很详细，于是心中就相信了八分。中庶子连忙回到宫中，偷偷摸摸地来到太子身旁，听了听他的耳朵，确实是有声音的；又看了看他的鼻子，发现他的鼻翼确实在轻微的煽动，不仔细看的话还真的发现不了；最后中庶子把手放在了太子的大腿部，确实有温度，死去的人体温是凉的，但太子的体温正如扁鹊所说，却是温热的，不免大吃一惊。中庶子目瞪口呆，太子的症状果然都如扁鹊所言。

至此，中庶子对扁鹊深信不疑，相信他一定可以救活太子，便把扁鹊所说的话上报了虢君。虢君听后，连忙也听了听太子的耳朵，看了看太子的鼻子，用手摸了摸太子的大腿部，果然和扁鹊说的一样。

虢君激动不已，连忙跑到宫门下见扁鹊，对扁鹊说："我以前就听说先生医术高超，并且品德高尚，为贫苦的百姓治病，甚至不要诊金，只可惜一直没有机会见到先生，也没有机会能够去拜访您。先生这次路过我这个小国家，正赶上我儿患病，使我幸运地得到了帮助，我们这个偏僻小国的太子实在是太幸运了！碰到先生真是他的福分，如果今天没有遇见先生，我们就以为他是真的死了，就会将他埋葬，那么他就永远死去而不能复生了。"

虢君的话还没有说完，就开始抽泣起来，越来越悲伤，情绪也无法平静下来，眼泪一直流，早已失去平日国君的威严，甚至悲伤到连面貌都改变了。

扁鹊看见虢君如此悲痛，理解他痛失爱子的心情，连忙对他说："国君不必悲伤，太子并没有真正的死去。太子现在这种情况，其实就是人们所说的'尸厥'（类似今天的休克或假死），只是昏迷过去了，并

《黄帝内经》内文

《针灸甲乙经》内文

没有死，您带我去看一看太子，也许还有救。"

虢君听后，连忙擦了擦眼泪，赶紧带扁鹊来到太子面前。扁鹊观察太子的症状，又切了脉，知道太子还有一线生机，不禁松了口气。扁鹊便叫弟子子阳磨制针石，针刺太子的"三阳五会穴"（即百会穴，出自《针灸甲乙经》，百会穴位于头顶正中线与两耳尖连线的交叉处，属督脉经穴，针刺此穴可以醒脑开窍，调和阴阳。《采艾编》又云："三阳五会，五之为言百也。"意思是百脉在此穴交会，针刺此穴还可以疏通经脉，疏导经气）。

果然，过了一会儿，太子就慢慢睁开了双眼，醒了过来，但人还是很虚弱。扁鹊又让另外一名弟子子豹使用热熨之法。这种方法可以温入人体五分深浅，扁鹊让子豹将"八减"的药剂混在一起煎熬，煎完用来交替着热敷太子两胁下边，让药力慢慢进入身体，温煦五脏。不久，太子就能够坐起来，但身体依然虚弱。紧接着扁鹊又为太子开了汤药，

大枣水汤药

主要是为了调节太子的阴阳,使阴阳平衡,避免这样的情况再次发生,并嘱咐太子一定要按时吃药,不得间断,一定要连续服用二十天。虢国太子牢牢记住扁鹊的话,每天按时服药,果然服完二十天的汤药就完全恢复了健康。虢国太子在恢复健康后,心中尤其感激扁鹊,又敬佩扁鹊高超的医术,满怀真诚地想拜扁鹊为师,扁鹊看虢国太子态度如此真诚,在征得了虢君的同意后,收下了虢国太子这个徒弟。

从此以后,天下人都知道扁鹊有"起死回生"之术。但扁鹊却实事求是地说,他并没有起死回生的本事,能救活太子是因为太子没有真正的死去,如果真的死了,他也无能为力。因为太子只是昏迷,鼻息尚在,他在适当的时机用适当的治疗方法,才把太子从垂死中挽救过来而已。

在这则故事里，扁鹊特意问了一下虢国太子的死亡时间。这个时间是在鸡鸣的时候，那为什么扁鹊听了之后反而确定虢国太子其实并没有真正的死去呢？那是因为阴阳两气交于夜半子时，在子时之后，阳气始生，阴气始退。而鸡鸣时分，正是阳气生长阴气消退的阶段，内在的阴气无法向外宣散，外在的阳气无法回归体内，导致虢国太子气血（阴阳）运行失常，自身又无法疏解，于是在鸡鸣时分昏死。扁鹊推断他是因为阴阳两转枢交接失常，阳气当生不生，阴气当退不退所致的"假死症"，所以判定"太子未死也。"

知识加油站

尸厥：尸厥属于厥证之一，又称"类中风"。发作突然，发作时不省人事，四肢僵直，不能言动，呼吸微弱，脉象极细，甚至没有应指感，看上去如同尸体一样，应立刻抢救。基本治法为调畅气机、开窍醒神、调整阴阳。

苦参

白云

第五章

兼外科换心手术 巧合中发现牛黄

关公"刮骨疗伤"的故事流传千古，而古代的中医外科手术究竟发展至何种程度？《列子·汤问》中记载的扁鹊"换心术"是真实存在的吗？

扁鹊治好了虢国太子的病，收了虢国太子当弟子之后，便离开了虢国，打算去往秦国。在去往秦国的路上，他们遇见了鲁公扈和赵齐婴。经询问才得知，原来他俩都患了病，听说扁鹊会路过此处，特意赶来等着扁鹊。

扁鹊首先望了望两个人，发现鲁公扈和赵齐婴在体型上就有很大的差距。鲁公扈很瘦弱，一副弱不禁风的模样，说话也温声细语，并没有男子汉的气概，而赵齐婴则与他相反，看上去很健壮，说话嗓门洪亮。

虽然两个人得的是同一种病，但因为体质不同，所采取的治疗方法也就不同。

川贝母

体虚之人不适合攻法,不然容易耗伤正气,使身体更虚弱,而身体强壮之人则可以采取攻法。虽然两个人患病相同,但却是不同的治疗方法,这也是中医所讲的"辨证论治"。

扁鹊给两人分别开了方子,其中给鲁公扈的方子以"扶正"为补,多为滋补之药,而给赵齐婴的方子则是以"攻邪"为主。两人拿了各自的方子回了家。

过了两日,两人的病果然好了,于是相约一同找扁鹊复诊。扁鹊摸了摸他们的脉说:"你们之前所得的病,是因为外邪侵入人体造成的,所以很好治疗,用草药就可以治好。但你们现在还有另外一种病,是由先天而来的,用草药是无法治好的。"

两个人听了面面相觑,疑惑地问:"那您能告诉我们是什么病吗?有其他办法可以治好吗?"

锦绣山川

第五章 兼外科换心手术
65 巧合中发现牛黄

扁鹊望向鲁公扈说:"公扈,你本是书生出身,读过不少书,才华横溢,志向远大,足智多谋,但却优柔寡断,尤其在做决定时总瞻前顾后。另外你身体瘦弱,做事情时容易觉得疲惫,也容易思虑太多,整日郁郁寡欢。"扁鹊又转头对赵齐婴说:"齐婴,虽然你没有读过书,不如公扈志向远大,但你的身体很好,性格爽朗,只是你做事从不思考,独断专行,说话也不会考虑太多,常常容易引起别人的不满。"鲁公扈和赵齐婴听了连连点头。

其实两人已经被此事困扰很久,鲁公扈不喜欢自己优柔寡断的性格,在大事面前总是犹豫不决。而赵齐婴也因为性格原因,和妻子总起冲突,妻子总是嫌弃他做事不经大脑。两人听完扁鹊的话,一同问:"神医可有什么方法治好我们吗?"

扁鹊说:"中医讲心主神志,藏神,也就是说,人的思维活动和精

古籍

神情志都和心关系密切，由心主宰。而你们现在的所有表现都和你们的心关系密切。这样，我将你们的心互换，这样鲁公扈便不会优柔寡断，赵齐婴也不会冲动武断，不知你们同意吗？"

两人听了吓得面如土灰："您说的是真的吗，真能够换心吗？我们会不会死掉啊？"

扁鹊看两个人吓得面色发灰，和他们解释说："放心吧，我到时候会给你们服下汤药，你们服了汤药后便会昏迷，不会感觉到疼痛，等我把你们的心脏换好了，你们才会醒过来。当然，如果你们不想这样做，我也不会强迫你们。"

两个人听了扁鹊的话，思考了很久，最后还是决定让扁鹊帮他们实行换心手术。

到了手术那天，扁鹊给他们两个人一人一碗汤药。两个人喝下后，

古籍内文

古代中医石器

觉得睡意袭来，很快便昏迷过去，没有了知觉。于是扁鹊命弟子们将鲁公扈和赵齐婴的衣服解开，身体擦干净，露出心脏所在部位。扁鹊用烧过的刀针将两人前胸剖开，把两人心脏互换，然后又将伤口缝合，几日后，伤口恢复得差不多了，两个人也终于醒了过来。

两人醒来以后，不自觉地用手摸了摸自己心脏的位置，望着扁鹊问："我们，我们是已经换完了吗？"扁鹊看着他们，微笑着对他们说："对啊，这回你们可以放心了吧？"

鲁公扈和赵齐婴听到这话，都觉得很新奇，竟然真的可以换心。而且换完心后的两人也和从前大不一样：鲁公扈对待事情不再犹豫不决，也不再胆小害怕，变得果断了很多；而赵齐婴也不再容易冲动，口无遮拦，不顾大局，变得足智多谋起来。

两个人都很满意自己的变化，高高兴兴地往家赶，想要告诉妻子这个好消息。可当他们赶回家的时候，乌龙却出现了，原来换完心的两人，受到心的主宰，两个人分别来到了对方的家里。可两人却毫不知情，身体里是赵齐婴心脏的鲁公扈回到家就兴冲冲地喊道："妻子，你在哪，我回来了。"赵齐婴的妻子看到面前矮小瘦弱的男人，厉声喝道："谁是你妻子，光天化日之下不要胡言乱语！"

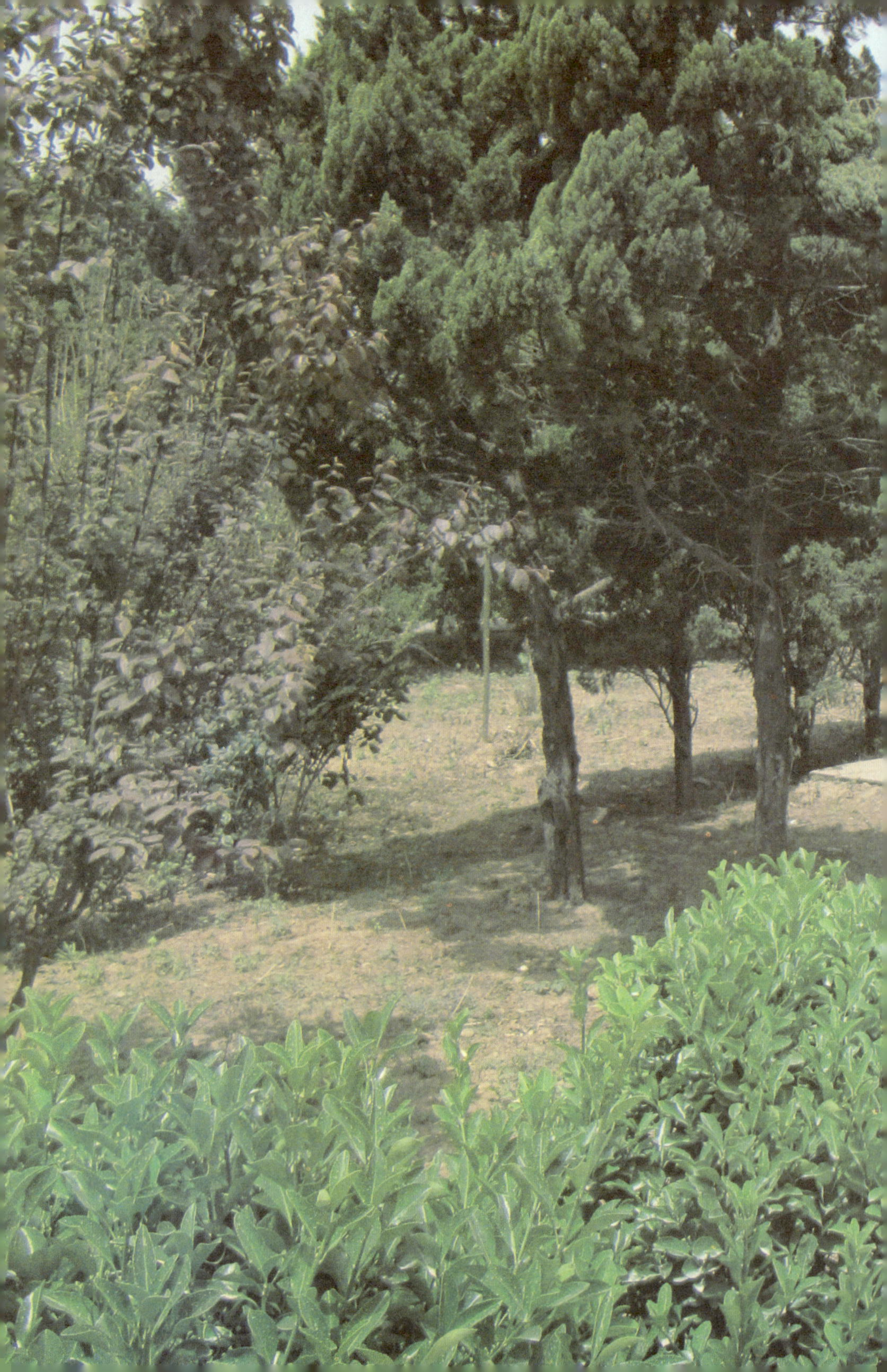

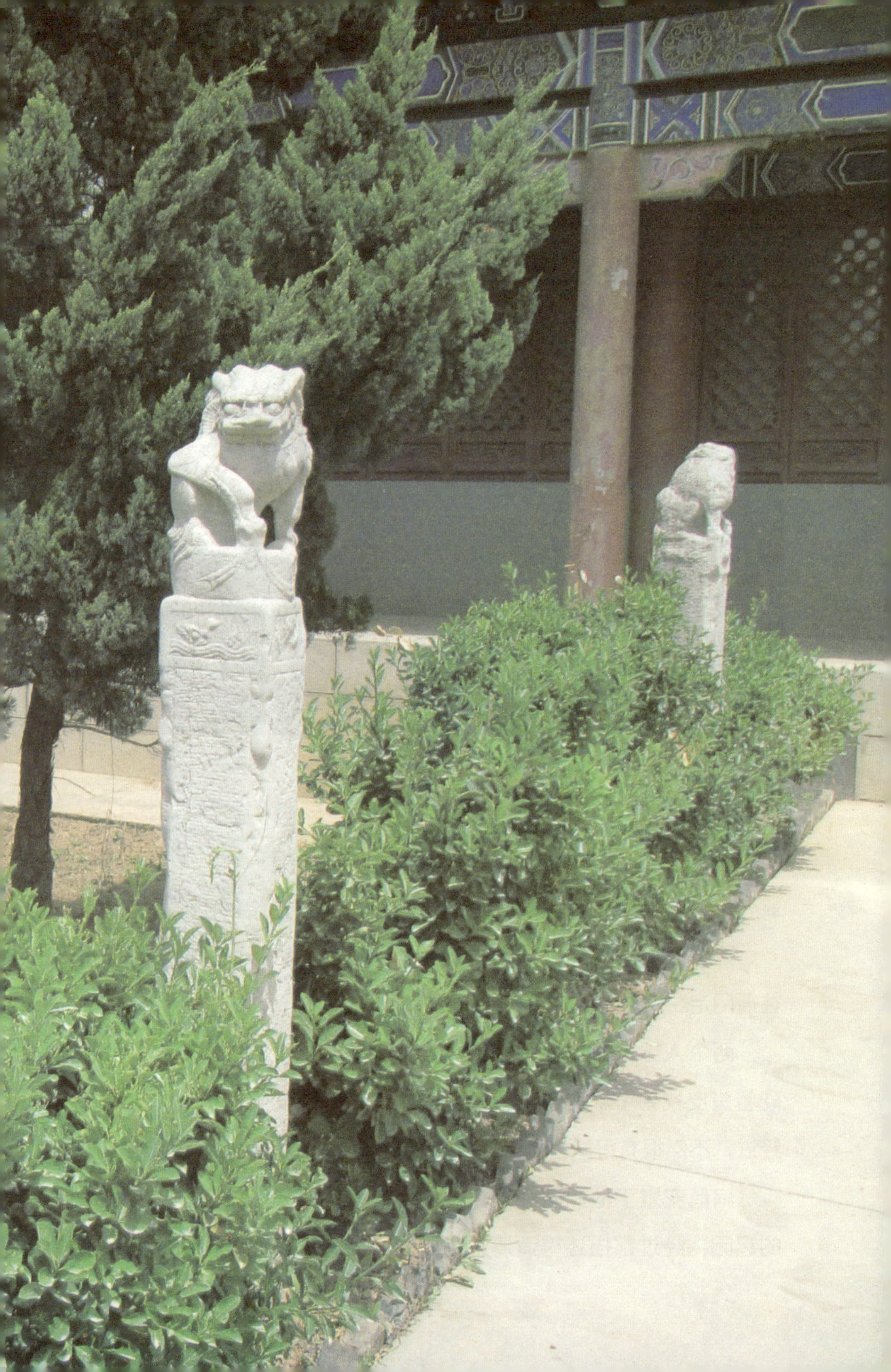

林栖谷隐

鲁公扈一脸疑惑:"是我啊,妻子,我是赵齐婴啊,你不认识我了吗?"赵齐婴的妻子满脸震惊,听说话的语气很像她的丈夫,但看长相,明显和她丈夫不是一个人,拽着他就要去衙门。

再看赵齐婴也遇到了相同的情况,两个人也正在推推扯扯,正要往衙门走。

两个人无论如何都解释不清楚,没有办法,他们只能先离开家,硬着头皮找到了扁鹊,希望扁鹊可以向他们的妻子解释一下这件事的经过,不然很有可能会闹到衙门,事情就更加不可收拾了。

扁鹊安慰了他们两个人,并将两个人的妻子都叫了过来,将事情的起因、经过都描述得清清楚楚,两个人的妻子都听得目瞪口呆,原来世界上竟真有这种事。回过了神之后，她们也明白了事情的始末，带着各自的丈夫回家了。

这段扁鹊换心的故事记载在《列子·汤问》这本书中，听上去非常不可思议，而真实性也无法考证。在当时的医疗条件下，这种手术应该是无法达到的。文中还讲到两个人回的是对方的家，在扁鹊的解释下才平息闹剧，听起来也让人无法相信。

现在来看，大家都觉得这只是一种传说。但不可否认的是，即便是传说，也从侧面反映出扁鹊医术的高超。

除此之外，还有一个与扁鹊有关的故事。相传，牛黄就是由扁鹊发现的。

扁鹊有一个邻居叫阳文，得了中风偏瘫之病。扁鹊为了治疗阳文的病，准备将青礞石研成末儿让阳文服下去。

这天，正赶上阳文家杀牛，因为阳文家的牛已经耕种了十余年，

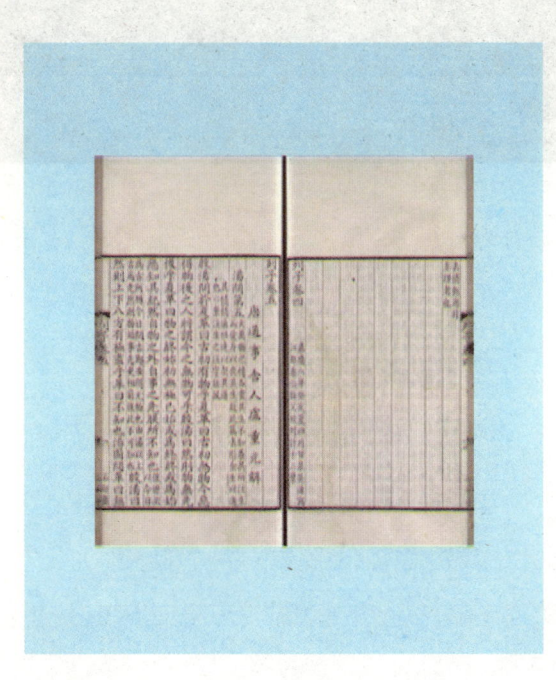

《列子·汤问》内文

大山

铜匙

第五章 兼外科换心手术 巧合中发现牛黄

现在又得了病，无法再耕作，于是阳文的儿子阳宝便让人把牛杀了。将牛杀死之后，阳宝发现牛的身体里竟然有一块石头，他觉得很奇怪，便带着这块石头找到扁鹊。

"先生，您看我在牛的身体里发现了这个，"阳宝边说着边将石头递给了扁鹊，"您看这块石头有什么用吗，您有用的话就给您吧！"

扁鹊拿起那个石头仔细瞧了瞧，发现那块石头看上去就和青礞石差不多大小，便对阳宝说："那你先放在我这里吧，我再仔细看一看。"阳宝听了之后，高兴地将石头放在了桌子上，便跑回家了。

扁鹊拿着这块石头仔细观察着。阳宝刚回到家，发现阳文又犯病了，全身抽搐，两眼上翻，呼吸急促，喉中还有痰鸣声。阳宝见状，连忙跑回去找扁鹊。

跑进屋里，阳宝上气不接下气地说，"先生，您快来看看我父亲吧，他又犯病了，情况危急得很。"扁鹊听完，忙起身往外走，想起来自己没有带青礞石，便对阳宝说："把我桌子上的青礞石带着，然后马上来找我。"阳宝当时着急的不行，顺手拿走了桌子上的一块石头，没有发现手里拿的不是青礞石，而是牛身上的那块结石。

阳宝把石头交给扁鹊，扁鹊也没有时间仔细观察，立马将石头磨成粉末，让阳文服下。没多久，阳文就恢复了正常，不再抽搐，呼吸也正常了。

扁鹊看阳文恢复正常，便回家了，回到家却发现桌子上赫然放着一块青礞石，但牛结石却不见了。扁鹊忙叫来家里的所有人，询问他们有没有动过桌子上的青礞石，大家都说未曾动过，其中一个人说，

牛黄

只有阳宝进来取过。

扁鹊恍然大悟，没想到牛身上的结石竟然有这么大的用处。于是他接着用牛结石研成粉末儿给阳文服下，没想到，过了没几天，阳文竟然痊愈了。扁鹊欣喜，原来牛结石竟然有豁痰熄风的功效，感慨道："此石久浸于胆汁之中，苦凉入心肝，能清心开窍，镇肝熄风。"

因为结石来自牛的胆里，颜色又为黄色，于是扁鹊将其取名叫"牛黄"。又因为牛属丑，但作用却如此宝贵，危急之中能够挽救人的生命，于是扁鹊又将它叫作"丑宝"。

知识加油站

牛黄：是一种中药，别名丑宝。牛黄气清香，味微苦而后甜，性凉。功效为清热、化痰、利胆、镇静。具有较强的清热解毒之效，主治高热、神昏、谵语、惊风、抽搐等症，外治咽喉肿痛、口疮等症。天然牛黄特别珍贵，现今使用的多为人工牛黄。

牛黄

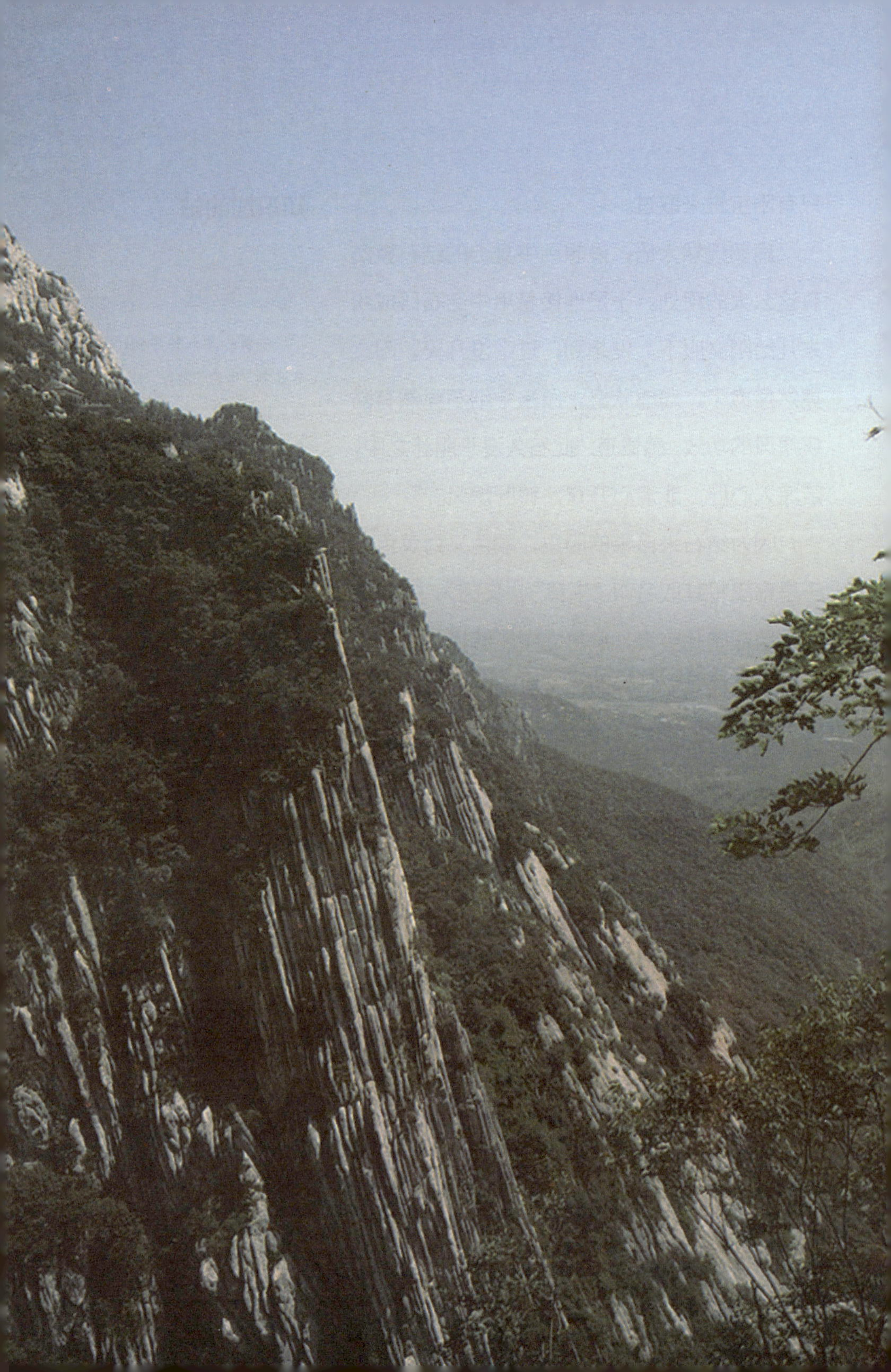

第六章

名扬天下受爱戴　始终坚持六不治

扁鹊的医术在当时名扬天下，受人爱戴。但再厉害的大夫也有无法治愈的疾病，现在让我们看看，是何种情况，连能起死回生的神医都无能为力呢？

百姓都夸赞扁鹊医术已经高超到能够起死回生的地步，扁鹊得到各国百姓的尊重和爱戴。扁鹊拥有高超的医术，但也有自己的治病原则，即"六不治"原则。直到现在，也被现代医生认可。

这里的不治不是指没有原因地不给病人治病，而是指治不好、不好治，或者是由于病人原因而治不了的疾病。也就是说，有六种病人让扁鹊也束手无策，这在《史记》中也有记载。《史记·扁鹊仓公列传》载："人之所病，病疾多；而医之所病，病道少。故病有六不治：骄恣不论于理，一不治也；轻身重财，二不治也；衣食不能适，三不治也；阴阳并，藏气不定，四不治也；形羸不能服药，五不治也；信巫不信医，六不治也。有此一者，则重难治也"。

这段话是说人得病的种类很多，产生疾病的原因也是多种多样，并且在疾病的发生、发展过程中，疾病也无时无刻不在发生变化，但医生认识和治疗疾病的方法和手段却很少。有以下六种情况的病人更难将病治好。

"骄恣不论于理，一不治也。"骄恣不论于理是指骄横、自大、不讲道理、不遵医嘱的人。齐桓公午就是一个例子，扁鹊通过望诊诊断出齐桓公午患了疾病，并多次提醒齐桓公午，让齐桓公午及早治疗。但齐桓公午却误解扁鹊，不仅没有听取扁鹊的建议，坚持认为自己并没有患病，甚至将扁鹊当成骗子，和大臣们说扁鹊这样做的目的是为了谋功劳。即使扁鹊三番五次地好心劝说，但齐桓公午固执己见，这样的人就属于骄恣不论于理的人。对于这样的人，无论医生多么苦口婆心，医术如何精湛，也很难将疾病治好。

在现代社会，这样的病人也很多见。医生告诉患者得病应该注意什么，应该怎么做，患者总觉得医生说话夸张，并不放在心上，依然我行我素，最后导致再次发病或者病情严重。又或者医生尽心尽力为患者治疗，但却得不到

第六章 名扬天下受爱戴 ── 81 ── 始终坚持六不治

山间流水

患者的理解，患者总觉得医生是为了谋利赚钱，并不配合医生的治疗，甚至谩骂、殴打医生。对于这样的患者，想要治好他的病又谈何容易呢？

"轻身重财，二不治也。"所谓轻身重财，就是指把钱看得太重，轻视自己身体的人。这种人认为金钱比身体的健康更重要，比如说，为了赚钱不顾身体，爱财如命，这都属于轻身重财。用通俗的话来讲，就是利用自己的身体赚钱，透支了健康，当身体得病的时候，却舍不得花钱看病，那么这种人得病也是很难治好的。

现代人工作忙、压力大，工作加班加点，甚至熬夜通宵，昼夜颠倒，喝酒应酬，对身体造成了极大的损害。为了换取更多的金钱，把钱放在第一位，忽视自己的身体，这在中医看来，是非常不可取的。很多人都有这种糊涂的想法，认为在年轻的时候，多辛苦一些，身体还强壮的时候，可以更拼命一些，为了工资高一些，不断挑战身体的底线，

当归

以至于现在社会猝死的人越来越多。其实大家并没有想明白一个道理，你年轻时拼命赚钱，认为年轻是本钱，不注意作息，也不关心自己的身体，将钱摆在第一位，那么当你岁数大了，以后疾病找上来的时候，除了疾病带来的痛苦，以及生活质量的下降之外，你年轻时拼命赚的钱够不够治病呢？所以说，健康是人的本钱，这个才是最根本的东西，我们应该把自己的身体健康放在第一位，把那些虚无的名、利等东西应该放在健康的后面，不要把他们的顺序弄颠倒了。

"衣食不能适，三不治也。"衣食不能适这句话说的就是饮食不节、穿衣无度、起居无常的人，也就是我们常讲的不健康的生活方式。

早在两千多年前，我们的祖先就告诉我们，如果我们顺应自然，起居有常，饮食有节，不过度操劳，保持健康的生活方式，寿命可以延长。而那些不注重健康生活方式的人，把酒当作水喝，起居也不顺

地黄

古代器皿

应一年四季节气，常常耗散自己的精气，最后寿命也会缩短。

　　现在很多疾病其实就是由于人们生活的不节制，饮食无度，熬夜以及不良的生活方式造成的。比如冬天是一个主收藏的季节，冬季人体阳气内敛，天气寒冷，出门应该穿棉裤棉鞋，以防止阳气外泄。但有的人露着脚踝，穿着单裤，走在大街上，寒邪很容易侵袭人体。在饮食上，有的人暴饮暴食，或者嗜食油甘厚味，又或者饥一顿饱一顿，导致脾胃受损。有的人熬夜通宵打游戏，最后猝死的例子屡见不鲜。

　　中医十分重视顺应自然规律，强调顺应自然是养生的重要方面。认为如果人体能够及时适应四时变化，身体也会处在和谐的健康状态。

　　"阴阳并，藏气不定，四不治也。"所谓阴阳，就是指人身体里的气和血，阴代表血，阳代表气，气血如果错乱，五脏六腑也会发生错乱。也就是说气血过度偏盛、偏衰，五脏六腑真气严重虚衰的人，

煅石决明

都是很难治愈的。而且，五脏在中医里还有一个很重要的话题，就是五脏皆有神明。五神指神、魂、意、魄、志，对应五脏并藏于所属之脏。《素问·宣明五气篇》载，"五脏所藏，心藏神，肺藏魄，肝藏魂，脾藏意，肾藏志。"

　　心的神明是"神"。心主神志，是指心具有统帅全身脏腑、经络、形体、官窍的生理活动和主司精神、意识、思维、情志等心理活动的功能。故《素问·灵兰秘典论》中说："心者，君主之官也，神明出焉。"中医认为心是神明之脏，人的精神思维活动与心的关系密切，由心的生理功能主导。《灵枢·本神》说："所以任物者谓之心。"认为人是在"心神"的主导下，协同五脏，接受外界事物，进行思维活动，并作出反应。另外心主血脉，血是精神活动的物质基础之一，《灵枢·营卫生会》说："血者，神气也。"也就是说心的"主血脉"与"藏神"功能是密切相关的。

講堂

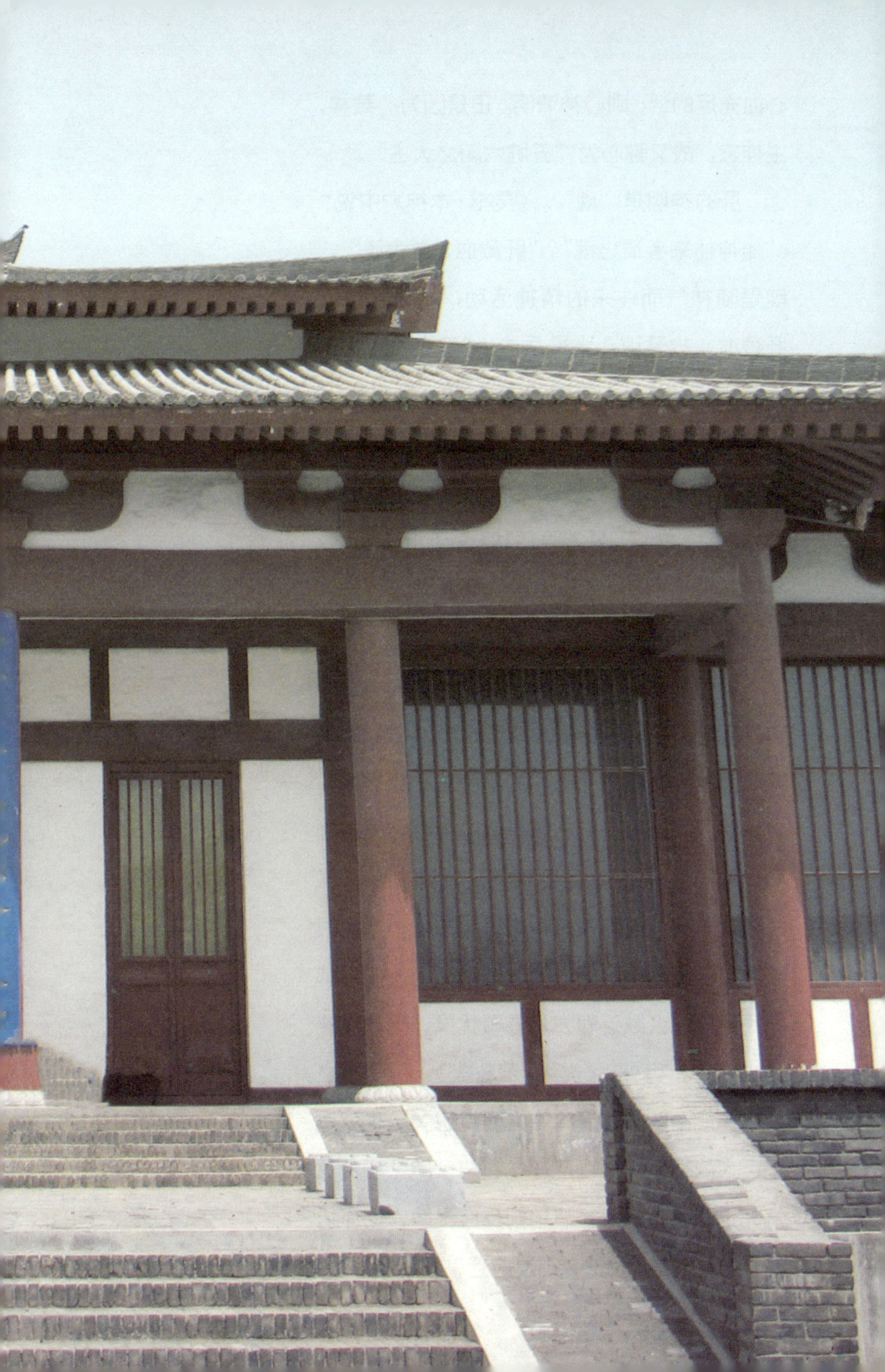

心血充足的话，则心神清明。正是因为心藏神，主神志，故又称心为"五脏六腑之大主"。

肝的神明是"魂"。《灵枢·本神》中说："随神往来者谓之魂"，"肝藏血，血舍魂"。魂是随神气而往来的精神活动，寄居于血，肝藏血，故藏魂。张景岳注："魂之为言，如梦寐恍惚，变化游行之境皆是也。"肝的藏血功能正常，肝血充足，则魂有所舍，意识活动正常；肝血不足，则魂无所舍，就会出现说梦话、恍惚、梦游等症状。另外肝主疏泄，与情志关系密切，情志因素也可使魂无所舍，出现神志失常症状。

肺的神明是"魄"。《灵枢·本神》中说："并精而出入者谓之魄"，"肺藏气，气舍魄"。魄是随着人体精气而出入的，肺主一身之气，气养魄，故魄藏于肺。魄是肺的神明，是精神活动的一部分，魄力足则精气足。我们常说"气魄"这个词，或者说这个人很有魄力，办事很果断，都和藏于肺的"魄"关系密切，如果肺气不足，就会缺乏魄力，办事犹豫，无法快速作出决定。另外，《类经·藏象类》说："魄之为用，能动能作，痛痒由之而觉也。"也就是说，人的行为动作以及知觉都与"魄"相关，气充足旺盛则魄足，魄足则反应灵敏，动作协调，知觉正常。反之，则反应迟钝，动作不利，

药杵臼

知觉异常。

脾的神明是"意"。《灵枢·本神》中说"心之所忆谓之意","脾藏营,营舍意"。脾藏意即脾主意。脾主运化,可将水谷精微化生为营血,营血是"意"的功能活动的物质基础,故意藏于脾。意与记忆、思维、注意力等关系密切,意藏于脾,为脾所主,脾气盛衰可影响意的功能活动是否正常,脾气充足则记忆力好、思维敏捷、注意力集中,脾虚则容易引起记忆力下降、思维不敏捷、注意力无法集中等。思虑过度可伤及脾,使脾的运化功能失常,而出现食欲不振、胸腹痞满等病症。

肾的神明是"志"。《灵枢·本神》中说"意之所存谓之志","肾藏精,精藏志"。肾藏先天之精,精是"志"的功能活动的物质基础,故意藏于肾。志者,专意而不为也,志是在意的基础上,作出的坚定不移

脉枕

的志向，所以一个人的意志坚不坚定，与肾关系密切。另外，肾主骨生髓通于脑，肾精气充足则意志坚定，精力旺盛，脑髓充足，记忆力好；肾精气不足，就会意志不坚定，精神萎靡，做事半途而废，脑髓不足，记忆力下降，健忘等。

所谓"医者治病不治命"，如果病人等到气血错乱，五脏六腑真气衰竭，病入膏肓再跑去找医生，那就太晚了！

"形羸不能服药，五不治也。"羸，是非常虚弱的意思，形羸不能服药代表身体已经虚弱到了连药都无法服下去的地步，或者虚弱到无法承受住药力，无法采取药物治疗。如果病已经到了这种地步，那么这个病还怎么治呢？

在《史记·扁鹊仓公列传》的"六不治"前面有这样一句话"使圣

人预知微，能使良医得蚤从事，则疾可已，身可活也。"这句话的意思是如果有见识的人能够提前发现身体微小的病变，及时找医生治疗，那么医生可以在疾病初期阶段就将病治愈，身体就可以恢复健康。

所以说，我们应该尽早发现疾病，尽早治疗，在身体刚表现不适症状的时候，及时找医生治疗，不要一拖再拖，等严重了才追悔莫及。如果病情太过严重，身体已经虚弱到连药力都承受不住的地步，那又怎么能将病治好呢？

"信巫不信医，六不治也。"信巫不信医，也就是说生病了宁可找巫师，相信巫术却不信任医生的人。古代的人得病了总会觉得招惹了鬼神，然后去找巫师，让巫师画符驱赶，认为这样才能将病治好。

对于这种生病了不信任医生不找医生看病的人，医生又怎么能治好他的病呢？扁鹊当时也遇到过同样的情况。当时他在秦国行医，有一个小孩患病，小孩的母亲找到扁鹊为孩子看病，但小孩的父亲却找了巫师，那巫师只会耍些糊弄人的把式。但无论扁鹊怎么劝说，小孩的父亲就是不同意扁鹊进行治疗，最后小孩因为耽误治疗，病情加重而失去了生命，这也正是扁鹊痛恨这类人的原因。我们应该相信科学，不要因为愚昧无知而失去宝贵的生命。

扁鹊纪念馆

了解了"六不治"的具体情况后，我们可以发现，不治并不是医生没有原因的拒绝治疗。除了有两种情况是疾病太危急无法救治外，另外四种情况均是由于患者的因素，无法沟通、不遵医嘱，轻身重财，作息紊乱、衣食不适，不相信医生。

另外也有很多值得我们深思的问题，在现代社会，医患关系紧张，各种医闹事件层出不穷。患者与医生之间应该多一些理解和信任。医生应该更加严格要求自己，提高自己的专业能力，患者也应该保持健康的生活方式，对自己的身体负责。注意未病先防，当疾病在初期阶段的时候及时治疗，同时相信医生，建立正确的治病观。

知识加油站

《黄帝内经》是中医学理论的奠基之作，成书年代约在先秦至西汉间。它的成书，标志着中医理论体系的初步形成。该书分为《素问》和《灵枢》，托名黄帝，以问答的形式，讲述了脏腑、经络、诊法、治则和预防等相关内容，是中医学的经典之作。

《黄帝内经》

云彩

第七章

治未病者为上工　浅谈中医养生观

扁鹊医术如此高超，可他却说自己并不是最厉害的大夫。他认为最厉害的大夫应该在病情发作之前就将病治好，也就是中医所说的"治未病"。

之前我们说到了未病先防，"治未病"思想是中医学非常重要的思想。"不治已病治未病"最早是在《黄帝内经》中提出的，《素问·四气调神大论》中写道："是故圣人不治已病治未病，不治已乱治未乱，此之谓也。夫病已成而后药之，乱已成而后治之，譬犹渴而穿井，斗而铸锥，不亦晚乎。"明确地指出了"治未病"的重要意义，认为最厉害的医生是预防疾病的发生，而那些有疾病症状出现才开始治疗的医生，就好比人渴了才想起来打井取水。

扁鹊在路过魏国，魏文王召见扁鹊时，扁鹊也提过此思想。扁鹊家共有兄弟三人，都擅长医术，魏文王问扁鹊："你们兄弟三人谁的医术最好啊?"扁鹊毫不犹豫地说:"在我们兄弟三人中,我大哥的医术最好,然后是我二哥,我的医术在我们兄弟三人中是最不好的。"魏文王听了之后很疑惑,问扁鹊:"我们都听过你治病的故事,知道你医术高超,却从来没听过你的二位哥哥,为什么你反而说你医术最不好呢?"扁鹊对魏文王说:"因为我大哥治病,是在病情发作之前便把疾病治愈了。他能在症状表现不明显的时候,发现将要患的疾病,并及时预防,但由于病人并没有感觉到不适,也就不放在心上。所以,我大哥的名气没有得到传播,只有我们自己家里人知道他的医术有多厉害。而我二哥看病,是在病情刚开始发作的时候,身体刚有症状表现出来,他便把疾病治愈了。但由于刚发病,病情很轻,大家或者不医治,或者以为是小病,即使二哥将他们的病治好了,他们也认为医

连绵不断

古籍内文

生能治好这种小病是再平常不过了,人们便以为他只会治疗一些症状比较简单的小病,所以他的名气只在本乡里这个小范围被大家所知道。而我治病呢,一般都是在病情非常严重的时候,人们看到我在经脉上放血、在皮肤上敷药,把病人从危急的情况下抢救回来,便以为我的医术最厉害,一传十,十传百,名气就传了出去。"

我国唐代医学家孙思邈也将疾病分为"未病""欲病""已病"三个层次,认为"上医医未病之病,中医医欲病之病,下医医已病之病",上医,代表最厉害的医生,善于预防疾病,防患于未然。

我们生活于现在这个节奏越来越快的社会,亚健康的人越来越多,"欲病"已成为普遍存在,"治未病"可以通过增强自身的正气,使邪气无法入侵人体,也就是《黄帝内经》所讲的"正气存内,邪不可干"。

同时,《黄帝内经》说"从之则苛疾不起,逆之则灾害生。"可见,"治未病"是使身体与大自然相适应,达到人与自然界相统一。人是自然界万物中的一份子,只有顺应自然规律才能保持健康,如果与自然相违背,就会导致百病丛生。

春天阳气生,阳主动,祖先也给我们留下了很多养生活动,如春游、踏青等,为什么是春天出去踏青呢?这和中医五行学说关系密切,肝在五行属木,与春季相应,主疏泄,喜条达而恶抑郁,在生理特点是喜欢舒展的情绪而不喜欢抑郁。人们出去踏青时,可以调和呼吸,保持心情开朗,精神愉悦,使气机顺畅,阴阳协调。所以春天的时候我们要多出去走走,保持情绪舒畅。除此之外,也可以泡枸杞水喝,因为枸杞可以养肝明目,多喝枸杞水可防止肝火过旺。也可按揉行间穴与太冲穴,这两个穴位都为肝经穴位,常按可防止肝气郁结,肝火过旺。另外,春季的三个月,是万物复苏、生命萌发的季节,人们应该顺应自然,可以进行一些慢运动,比如打太极拳、散步、慢跑等以顺畅自己的情志。

夏天主长养万物,是自然界万物阳气最旺的季节,气候炎热,容易让人感到烦躁和困倦。我们要注意自己的情绪,避免暴怒,或与他人

柿子树

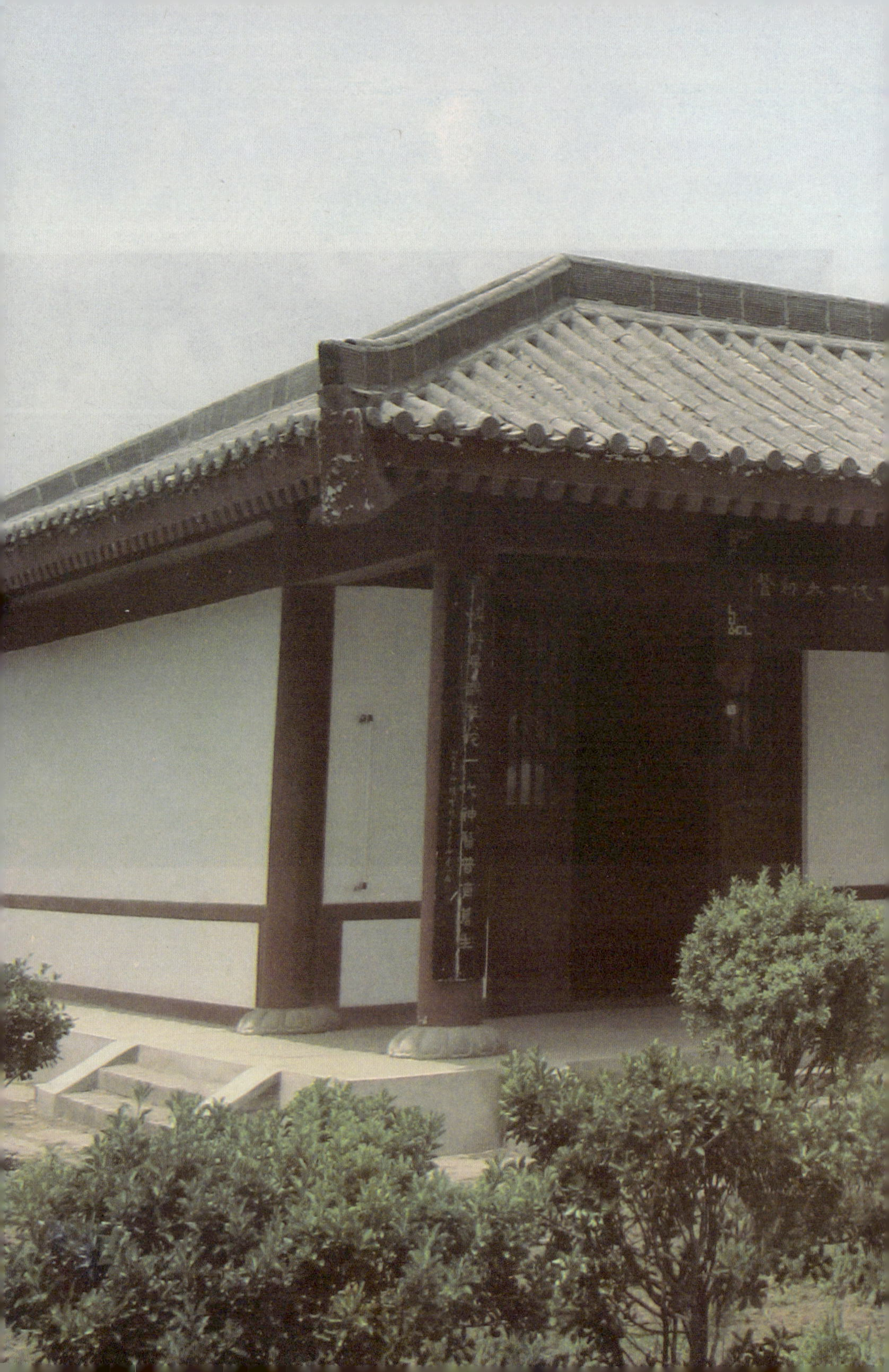

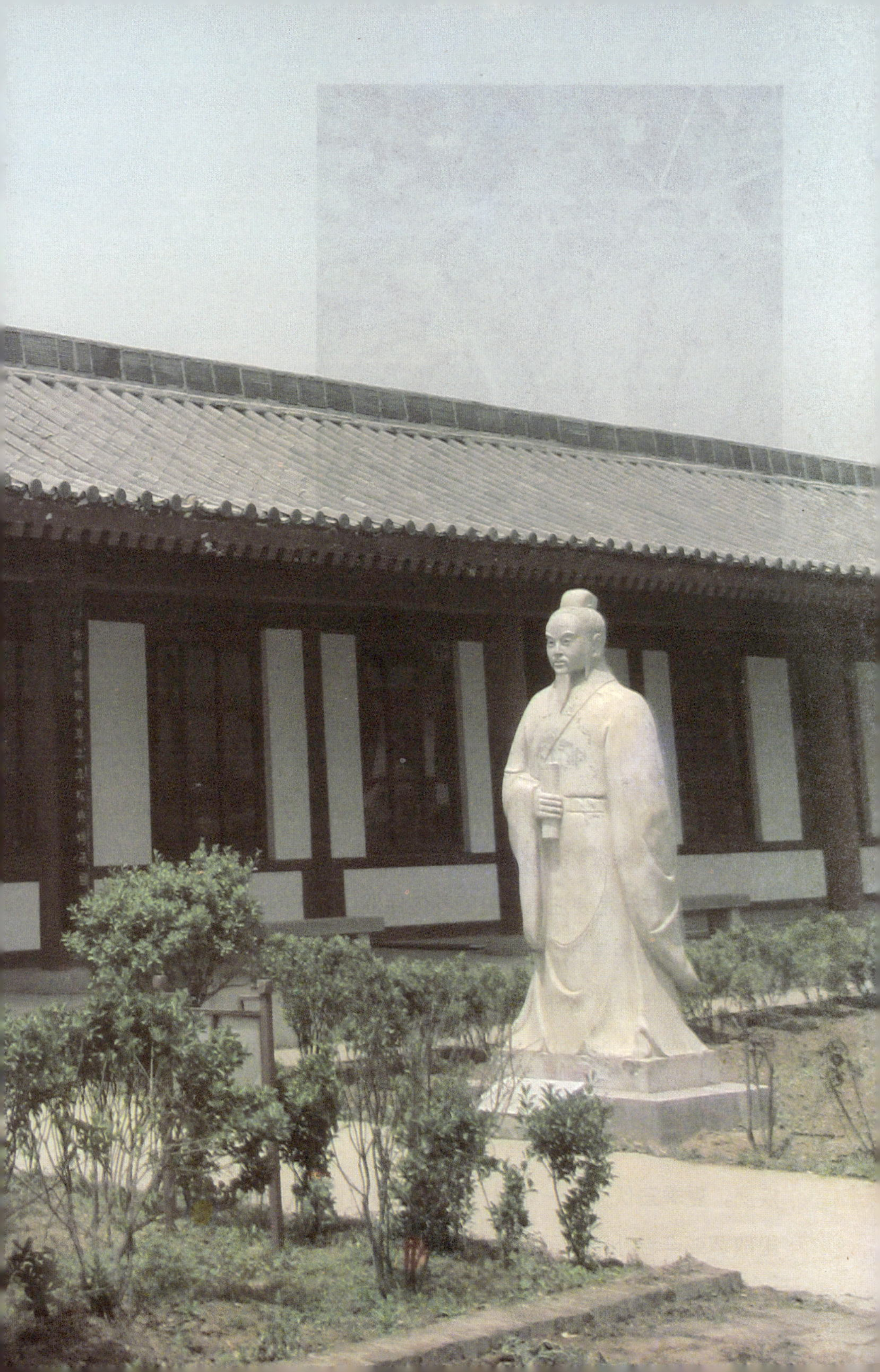

西瓜

发生争吵。另外，中医认为"心与夏气相通应"。因夏季属于火，心在五行对应火，所以心在季节对应夏季。而夏季人本身阳气就较为旺盛，再加上气候炎热，又通于心，易导致心火旺盛，也容易高发心脏病，所以夏季一定要注意心脏的养生保健。夏天的特点是燥热，因此，生活当中要避免暑热，可以适度地吃些西瓜，但不宜贪凉饮冷，西瓜作为祛暑之佳品，被中医称为"天然白虎汤"，而对于体质虚弱的人则不建议吃。除此之外，夏天也是治疗易在秋冬发作的疾病的好时机。我们常听到的三伏贴，就是以"冬病夏治"为原理，在一年中最炎热的三伏天使用辛温的中药药材敷贴在特定穴位上来治疗秋冬易发作的疾病。夏季三伏天是一年阳气最旺盛的时候，在相应的穴位贴一些温里散寒或辛温补阳的药物，可以增强人体的阳气，使寒邪消散，减少在秋冬寒冷的季节，因为阳气不足而引发的疾病，提高机体的抵抗力。

另外，在睡眠上，要顺应自然，夏天天黑较晚，天亮较早，所以晚上可以睡晚一点，早晨则要尽量早起，不要赖床晚起。早起使人体阳气适度外泄，保持阴阳平衡。

秋天阳气开始慢慢衰减，阴气开始逐渐加强。秋季阳气收敛于内，"燥"是秋的主气，秋季主燥，容易感燥邪，又易产生内燥。秋季在五脏对应肺，肺主一身之气，是人体重要的呼吸器官，主皮毛，开窍于鼻。秋季气候干燥，燥邪最容易从皮毛、口鼻侵入，伤及肺阴，使人口干、干咳少痰、咳嗽胸痛。患有呼吸性系统疾病的人到了秋天也会咳嗽不断，病情加重。另外，秋天万物开始凋零，人容易悲怀伤秋，悲伤情绪易损害肺脏，所以秋天养生应注意养肺，要多喝水，多吃些梨等滋阴润肺的食物。秋季晚上应该早点睡觉，早晨早点起床。

到了冬天，阳气藏于内，阴气旺盛。冬季气候异常寒冷，易使寒邪

梨

凝滞收引，容易导致人体气血运行不畅，寒邪使血管收缩，容易引发高血压。另外，冬季在五脏对应肾，肾是人体的"先天之本"，所以冬季一定要做好防寒工作。冬季，养生的重要原则便是防止寒邪的侵入，以免损伤肾阳。饮食上也应该多吃能够产生热量的食物，运动上应以身体微微发热为宜，避免大量出汗。在睡眠上，冬天天黑早，天亮晚，所以冬季讲究晚上早点睡觉，早上晚点起床，配合自然界的规律。

另外，中医也很讲究睡子午觉。中医认为子时、午时都是阴阳交替之时，所以无论哪个季节，晚上都最好在子时之前入睡，白天可在午时小憩一会儿。

所谓子时，即二十三时至一时，这段时间胆经当令，人在这个时候入眠，有助于胆完成代谢。相反，如果这个时候还在熬夜，胆便得不到充分休息，就会表现为面色发黄，皮肤粗糙、次日精神不振等。日常生活中我们也能够发现，长期熬夜的人无论皮肤还是精神状态都

古代器皿

不是很好。失眠的患者经常是二十四时后更有精神、更难入睡，这正是因为人体阳气开始生发，如果此时人体未处于睡眠状态，阳气就会生发不起来，继而阴气便无法收藏。如果长期下去就会导致阴阳失调，百病丛生，气色也会越来越差，也会使人容易衰老。

所以，建议大家应该每天二十二时就开始准备睡觉，二十三时以前最好睡着，因为这个时间睡觉最能养阴，睡眠效果与质量较其他时刻均有着事半功倍的效果。

所谓午时，就是指十一时至十三时，这段时间为人体阳气最盛，阴气衰弱的时刻。午时，气血流到心所属的经络，心经当令，其气血最为旺盛。"心主神明，开窍于舌，其华在面。"在午时小憩有利于养心，会使人一个下午都精力充沛。

可见，我们要有一个健康的生活方式，饮食有节，起居有常，顺应四时，才能够"阴平阳秘，精神乃治"，"正气存内，邪不可干"，只有顺应自然让自己身体阴阳调和，正气充足，才能保证良好的精神状况，才能让疾病无法缠身！

知识加油站

行间穴位于足背侧，第一、二趾间，趾蹼缘的后方赤白肉际处。太冲穴位于足背侧，第一、二跖骨结合部之前凹陷处，为肝经的原穴。原穴往往控制着该经的总体气血，如果人长期生气，易怒导致肝气郁结，按压此穴时会有疼痛感。配合行间穴轻轻按揉，不可用力过大，可清泄肝火，疏肝理气，防止肝气郁结，肝火过旺。

瀑布

第八章

遭嫉妒惨死骊山　载史册名扬千古

扁鹊的一生绚烂而短暂，留下了无数的传说与故事。成也萧何败也萧何，扁鹊因医术而成名亦因医术而命丧秦国，这位"死而不亡"的圣人在秦国有着怎样的经历呢？

扁鹊和弟子们一路行医，来到了秦国。秦国国土面积很大，但人口很少，因为人力的严重不足，导致大部分土地还没有开发，农业生产远不如其他各国。又因为地理位置的原因，秦国与中原地区其他的国家相比位置比较偏僻，所以中原地区的这些国家，并不把秦国放在眼中，甚至很看不起秦国。"皆以夷翟遇秦"，就是说中原诸国觉得秦国是没有教化的野蛮之邦，打心里是看不起秦国的。

秦国很清楚自己的情况，为了改变这种状况，秦国的几位先国君，招贤纳士，对人才表现出非常尊重的态度。为了吸引人才能够来到自己的国家，秦国采取了兼收并取之法，无论是哪方面的人才，来到秦国，都可以有自己的施展之地，对医生也尤其尊重。《庄子·列御寇》载："秦王有病，招医，破费溃痤者得车一乘，所治愈下，而所得愈多。"从这段话可以看得出来，秦国医生的待遇是很高的，对于给秦王医病的医生也可以得到丰厚的赏赐，能力越强的医生得到赏赐越多。也正是因为秦国对于医生的态度和待遇，各国名医纷纷来到了秦国。

扁鹊和弟子们来到秦国后，发现秦国对小孩特别重视，于是扁鹊在秦国就当起了儿科医生，主治小儿疾病。来到秦国的名医很多，但扁鹊因为医术高超，名声很快便传了出去。大家都在讨论扁鹊，说秦国新来了个大夫，治病特别厉害，得了重病找他可以转危为安，得了小病找他转日就好，以前听过扁鹊事迹的百姓，更夸张地说："别说得了重病，死了还能救活呢！"

这些话传入了秦武王的耳朵里。这时的秦武王正饱受病痛折磨，原本秦武王正值壮年，打算趁着自己身体正强壮的时候平定战国诸雄，在他正要出征韩国的时候，脸上长了东西，影响到了耳朵和眼睛，打乱了他的计划。太医李醯也一直没有找到治疗的办法，导致秦武王非常着急，所以当听到扁鹊来到秦国的时候，

姜黄

便让李醯请扁鹊进宫为他治病。李醯心里并不情愿，觉得能力被质疑，同时也担心扁鹊的医术高于他。虽然心里有再多不满，却不能违背秦武王的命令，李醯不得不去请扁鹊。

当他来到扁鹊行医的地方时，发现排队看病的患者将整间屋子都挤满了，甚至还有的患者在门外等候，不禁目瞪口呆。李醯把来意向扁鹊说明后，扁鹊对李醯说："请您稍等我一下，我把这位患者看完就随您进宫。"扁鹊认真地给患者看完病，又对其他的患者说明情况，并对弟子们嘱咐了一番后，才随李醯来到宫中。来到宫中后，秦武王亲自迎接扁鹊，并把自己的病情详细地告诉扁鹊，请求扁鹊帮他治病。

扁鹊了解秦武王的发病原因后，并看了看他脸上长的东西，想好了

扁鹊纪念馆

治疗的方法。当扁鹊拿出石针，打算帮助秦武王治疗他的疾病时，秦武王的近臣却觉得秦国太医治疗了这么久都没有办法治好秦武王的怪病，这个扁鹊肯定也没有能力能够治好，便悄悄对秦武王说："大王的病在耳朵和眼睛之间，这个位置太危险。依我看，这个扁鹊没有能力治好。如果治疗不当，还很有可能把您的耳朵治聋，把您的眼睛治瞎，这就得不偿失啊！"

秦武王听了之后很害怕，担心自己真的变成了瞎子或者是聋子，对扁鹊产生了怀疑。见扁鹊手里拿着石针已经准备给他治疗，他越想越害怕，忍不住把近臣说的话告诉了扁鹊。扁鹊听了之后感到非常的生气，他把手中的石针扔到了地上，对秦武王说道："国君，您既然知道和医者诉说自己的病情，为什么又转身听信根本不懂医术的人对您说的话，然后怀疑能够为您治病的人，这怎么能治好您的病呢？如果您在管理秦国的政事上，也是这样摇摆不定，犹豫不决，听信他人的话后就轻易改变自己做的决定，那么秦国很可能因为一次重大事件的错误决定而灭亡啊！"

秦武王听完扁鹊的话感到很惭愧，向扁鹊表达了歉意。扁鹊叹了口气，对秦武王说："我只是不希望您随便听信别人的话就改变主意，这无论对于您，还是秦国，都不是一件好

荆芥

事啊!"说完扁鹊捡起扔在地上的石针,重新消毒,将秦武王脸上所长的东西挑刺开,治好了他的疾病。

秦武王向扁鹊表达想留他在秦国的想法,希望扁鹊能够留在他的身边,随时为他看病。扁鹊拒绝了秦武王。扁鹊说相比于百姓,秦武王身边已经有了很多厉害的太医,足够为秦武王摆脱疾病,而百姓更需要他,他希望可以为更多的百姓免去疾病的折磨。秦武王听了之后,对扁鹊更加刮目相看,又看扁鹊态度坚决,便没有强留。

等到扁鹊第二次被秦武王请到秦宫的时候,秦武王正饱受腰痛的折磨。原来秦武王因为与众人比力气,在举鼎的时候用力过猛,导致腰部受损,引起腰疼。太医李醯以为是肾虚造成的腰腑亏空,给秦武王配制了大量补肾的中药,但效果却不明显,一直没有好转,其他的太医们看了也是束手无策。

秦武王立刻想到了扁鹊，忙派人请扁鹊。此时扁鹊还在秦国行医，急匆匆赶到秦宫后，看秦武王躺在床上，连转身都很困难，便在秦武王的腰部推拿了几下，秦武王立刻觉得疼痛减轻了许多。紧接着扁鹊又为秦武王开了汤药，秦武王服用之后，没过几天，就恢复如常了。秦武王见太医们治不好的疾病，扁鹊却能够轻松治愈，更加坚定了要把扁鹊留在秦宫的想法。

李醯看到这种情况，知道无论如何秦武王都不会放扁鹊离开秦宫了。他觉得扁鹊现在对他构成了威胁，如果扁鹊留在秦宫，那么他一定会地位不保，便在秦武王面前挑拨离间，秦武王听了半信半疑，并没有放弃任用扁鹊的想法。但扁鹊已经察觉出来李醯对他的敌意，知道自己再待在秦宫一定会性命不保，于是带着弟子们沿着骊山小路连

龙胆草

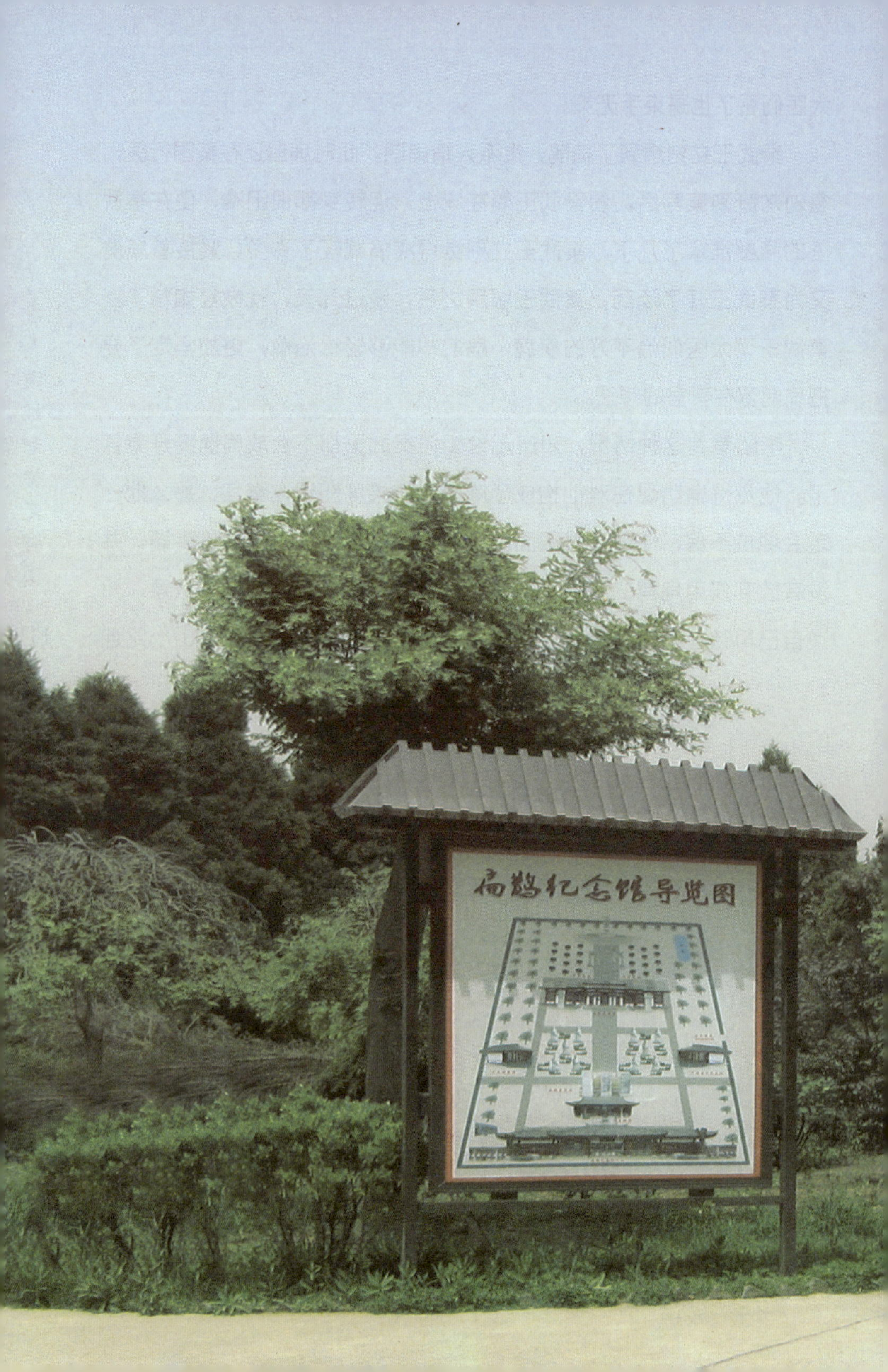
扁鹊纪念馆导览图

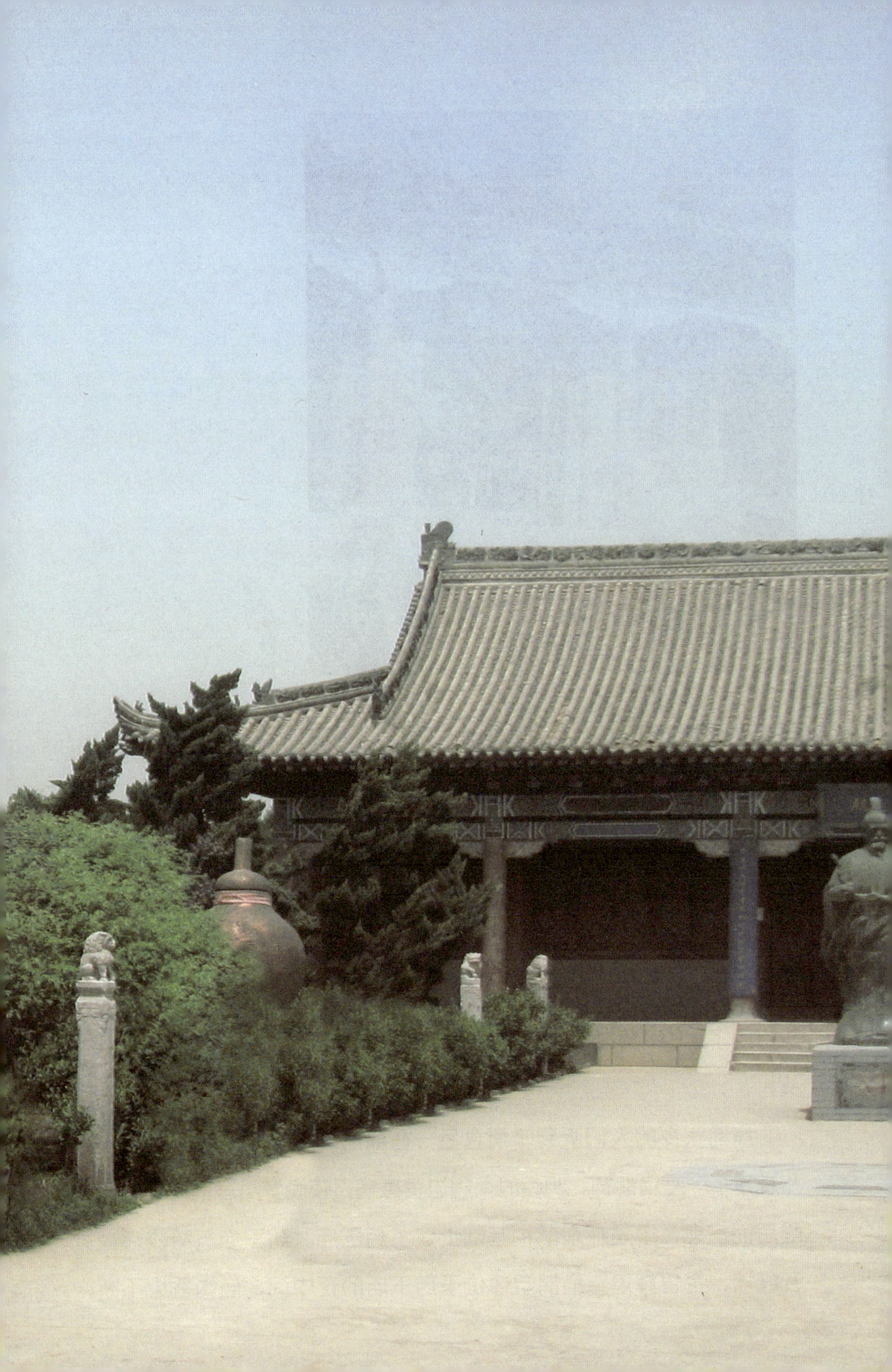

扁鹊祠

夜逃离秦国。李醯依然放心不下，认为扁鹊的存在对他来说就是一个威胁，发现扁鹊离宫后忙派人去追杀，被扁鹊的弟子发现，逃过一劫。后来李醯又让杀手扮成猎人的样子一路跟踪，最后在骊山（位于今陕西省）北面将扁鹊杀害。

百姓听到扁鹊在骊山不幸身亡的消息时纷纷落泪，不远千里来到骊山。因蓬山传说是扁鹊的"第二故乡"，于是人们偷偷地把扁鹊的头带回了蓬山，葬在了庙后，将庙改为"扁鹊庙"，并把村名改为了"神头村"。

扁鹊家乡的人们听到了消息后，在扁鹊的故乡，河北省任丘市鄚州镇建了一座扁鹊祠。明朝时，魏忠贤患病，夜晚梦见扁鹊为他看病，醒后而病愈，于是在扁鹊祠基础上建了药王庙。药王庙气势雄伟，黄瓦红墙，金碧辉煌。扁鹊塑像位于药王庙的正中间，庙内香火不断，

第八章 遭嫉妒惨死骊山

扁鹊像

每天来降香的人络绎不断，皇太后甚至来此降香，更让药王庙名声大噪。每年正月十五日，药王庙会举办庙会，各地的百姓纷纷前来许愿降香，场面浩荡，人山人海，有"天下大庙数郑州"之说。

除此之外，百姓们也在扁鹊行医过的地方建庙立碑，表达对扁鹊的怀念之情。据史书记载，建庙立碑处多位于河南、河北、陕西。

在扁鹊遇害后，他的弟子们开始独立行医，虽然没有学会扁鹊的全部医术，但也足够在临床上成为一名高水平的医生，只不过在历史上关于这些弟子们的记载很少。据说在扁鹊死后，弟子虢国太子立志行医救民，为百姓解除病痛，在一次为了采中药"五灵脂"的时候，不慎跌落悬崖，丧失生命。人们为了纪念他，便将他采药的山峰改为"太

高耸入云

子岩"。还有一位叫子仪的徒弟，据说曾著有《子仪本草经》，但现在已失传。之后司马迁在撰写《史记》时，专门为扁鹊写了传记。

据《汉书》记载，扁鹊将自己的治病经验和学术思想记录下来，并著有《内经》和《外经》。但可惜的是，因那个年代大家记录的方式都是靠手抄，而且当时都是传给弟子，并不会传给不拜师的外人，导致著作流传范围较小。到今日，这两本书均已失传。

扁鹊创立了我国医学史上的第一个学派，被称为"扁鹊学派"。这是我国古代在临床运用经脉医学的第一个学派，也是在战国秦汉时期影响最大、享誉最高的学派，为我国医学的发展作出了巨大的贡献。

扁鹊在学术上的最大贡献是脉学的创立。《史记·扁鹊仓公传》称

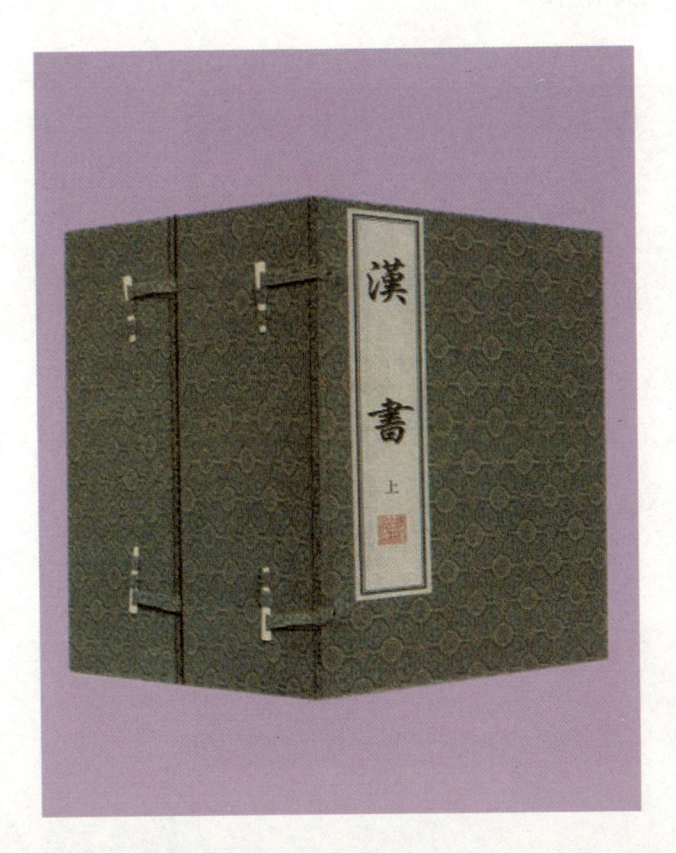

《汉书》

"自今天下言脉者由扁鹊也！"首创"寸口诊脉法"，切脉"独取寸口"的方法，使切脉变得简便易行，不再复杂。

扁鹊学派的经典著作被称为《脉书》，汉代的著名医家仓公和华佗，都是扁鹊学派的学者。2013年，中国考古队在成都老官山汉墓，发现了近千片的医学竹简，在发现的医学竹简《五色脉诊》里，详细记载了通过脉象观察病痛的方法，"心气为赤色，肺气为白色，肝气为青色，胃气为黄色，肾气为黑色，故用五脏气色……"另外，在湖南省长沙市马王堆三号汉墓里，出土了十四种医书其中属于"脉书"的都抄在缣帛之上，人们称之为帛书，一共有四种扁鹊经脉帛书。在湖北省江陵县张家山的古代汉墓里，发现有抄录古代医籍的竹简，题名为《脉书》，其中，释读出扁鹊《脉书》三种。这些出土的竹简和医书，都与扁鹊学派关系密切。

《脉书》

总之，扁鹊及扁鹊学派为我国医学的发展作出了巨大的贡献，扁鹊创立望、闻、问、切诊断疾病的方法，首创脉诊，奠定了中医学切脉诊断方法，精通内、外、妇、儿各科，对后世医生影响巨大，对我国医学发展影响重大。

最后，以伏道村扁鹊庙墙上的诗作结尾，这首诗概括了扁鹊的一生。

昔为舍长时，方伎为可录。
一遇长桑君，古今皆叹服。
天地为至仁，既死不能复。
先生妙药石，起虢效何速！
日月为至明，覆盆不能烛。
先生具正眼，毫厘窥肺腹。
谁知造物者，祸福相倚伏。
平生活人手，反受庸医辱。
千年庙前水，犹学上池绿。
再拜乞一杯，洗我胸中俗。

知识加油站

神头村位于太行山太子岩东麓，邢台市内丘县中部的南赛乡。扁鹊庙又叫鹊山庙，位于内丘县城西21.8公里处，在太行山东麓和庄乡神头村，《顺德府志》记载："鹊山庙者，祀扁鹊也。"

太行山